사진작가
어떻게
되었을까
?

꿈을 이룬 사람들의 생생한 직업 이야기 23편

사진작가 어떻게 되었을까?

1판 1쇄 찍음 2020년 06월 12일

1판 3쇄 펴냄 2022년 06월 28일

펴낸곳	㈜캠퍼스멘토
저자	구자현
책임 편집	이동준 · 북커북
진행 · 윤문	북커북
연구 · 기획	오승훈 · 이사라 · 박민아 · 국희진 · 김이삭 · ㈜모아컴퍼니
디자인	㈜엔투디
마케팅	윤영재 · 이동준 · 신숙진 · 김지수
교육운영	문태준 · 이동훈 · 박흥수 · 조용근
관리	김동욱 · 지재우 · 임철규 · 최영혜 · 이석기 · 임소영
발행인	안광배

주소	서울시 서초구 강남대로 557 (잠원동, 성한빌딩) 9층 (주)캠퍼스멘토
출판등록	제 2012-000207
구입문의	(02) 333-5966
팩스	(02) 3785-0901
홈페이지	http://www.campusmentor.org

ISBN 978-89-97826-42-1 (43660)

현직
사진작가들을
통해 알아보는
리얼 직업
이야기

사진작가
어떻게

How did they become
Photographers?

되었을까?

CampusMentor
캠퍼스멘토

도움을 주신 사진작가들을 소개합니다

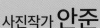

사진작가 안준

- 스위스 취리히 Christophe Guye Galerie 유럽/영국 지역 전속 작가
- 미국 뉴욕 Mizuma & Kips Gallery 소속 작가
- 함부르크 포토 트리엔날레, 프랑크푸르트 Shrine Kunsthalle, 뉴욕 Aperture Gallery 외 60여 회의 국내외 그룹전 참가
- 2018 사진집 Self-Portrait (일본 Akaaka Art Publishing)
- 2018 사진집 One Life (일본 Case Publishing)
- 성신여자대학교 대학원, 추계예술대학교, 홍익대학교 출강
- MBC [문화사색] 아트 다큐 Who are You, 네이버 [헬로! 아티스트], SkyTV [밀리언달러 피카소], 프랑스 ARTE TV [한국, 기적의 나라] 출연
- 홍익대학교 사진학 박사
- 뉴욕 파슨스 디자인 스쿨 석사
- 서던 캘리포니아 대학교 (USC) 미술사 학사

사진작가 전명진

- 〈나를 기억해 쿠바〉 쿠바 사진전
- 〈My Wish〉 4인전
- 〈바람을 품은 돌집〉 네팔 사진전
- EBS 〈세계테마기행〉 모로코 편 출연
- 팟캐스트 〈탁 PD의 여행 수다〉 진행
- KBS 〈1박 2일〉 전속 포토그래퍼
- 김중만 스튜디오
- 서강대학교 기계공학과 졸업

사진작가 오재철

- SAMSUNG과 떠난 캠핑카 여행' 콘텐츠 제공
- tvN 〈곽승준의 쿨까당〉 출연
- 조선일보 '일사일언' 칼럼 연재
- 코엑스 별마당 도서관 '컬처 클럽' 인문학 특강
- EBS 〈세계테마기행〉 '미크로네시아 편' 출연
- 'LG 여행 작가와 함께하는 G6 프로젝트' 참여
- 중앙대학교 사진학과 졸업

사진작가 **채신영**

www.hapooooom.com
사진계정 @hapooooom_film
그림계정 @hapooooom_official

· 〈하품로드〉 개인전
· 영화 〈숙제〉, 〈감시자들〉, 〈관상〉, 〈동창생〉 등,
  KBS2 드라마 〈너도 인간이니?〉 현장 스틸 사진 촬영
· 영화 〈검은 사제들〉, 〈변호인〉, 〈늑대소년〉,
  〈박수건달〉 등 프로모션 사진 촬영
· 〈제주 신화월드 오프닝 행사〉 프로모션 사진 촬영
· 〈국제 로타리 세계대회〉 프로모션 사진 촬영
· 상명대학교 사진영상미디어전공 졸업

사진작가 **이유진**

· 〈Dog, Dog 들어가도 될까요?〉 유기견 사진전
· 반려동물 초상 사진 포토그래퍼
· 반스 스튜디오 대표 (반려동물 사진전문 스튜디오)
· 프리랜서 포토그래퍼 / 리터처
· 안양예술고등학교 사진과 시간강사 출강
· 캐논코리아 캐논투게더: 캐논피플 유기견 입양 캠
  페인 참여
· 희망TV SBS 특별 생방송 즐거운 나눔, 커지는 행복
  출연
· 상명대학교 사진영상미디어전공 졸업
· 안양예술고등학교 사진과 졸업

사진작가 **김병준**

· 올림푸스 카메라 글로벌 프로 작가 초청
  사파리 투어 한국 대표 참석 및 촬영
· 두산 백과사전 국내외 유적지 및 관광지 이미지
  촬영(베트남, 아이슬란드 등 20개국)
· 올림푸스코리아, 니시필터코리아 소속
  프로 작가 활동 중
· 유라시아 대륙 횡단
· STCO, 코오롱 스포츠, 퓨마코리아, 뉴발란스키
  즈, 아레나스포츠, 베이직하우스 등 해외 캠페인
  촬영
· 대학교 건축학과 졸업

이 책의 구성

Chapter 2

사진작가의 생생 경험담

Chapter 3

예비 사진작가 아카데미

CHAPTER

| 1 |

사진작가,

어떻게
되었을까
?

사진작가란?

—

사진작가는
사진기를 이용하여 사진을 촬영하고 편집하여
사진을 하나의 작품으로 완성하는 사람이다.

- 사진작가는 촬영 대상을 선정하여 작품 사진을 찍거나 사건 현장에서 보도 사진을 찍는다.
- 바닷가, 산, 도시, 놀이터 등의 현장을 답사하여 작품의 소재를 구상하고 사진을 촬영할 수 있는
  모델이나 장소를 선정한다.
- 촬영 대상을 정하고, 촬영하기 전 대상물의 특징, 거리, 구도를 확인한 후에, 그에 따라 카메라의
  각도, 조명, 초점, 노출 정도를 결정하여 촬영한다.
- 촬영된 필름을 현상 및 인화하고, 촬영 방법과 현상 기술을 연구하며 사진 작품을 전시한다.

출처: 진로정보망 커리어넷

사진작가가 하는 일

1 피사체를 찾는다.

　사진을 작업하기 전 가장 먼저 해야 할 것은 자신이 촬영하고자 하는 피사체를 찾는 것이다. 피사체는 풍경, 인물, 건축물, 자동차, 반려동물 등 어떤 것이든 상관없다. 사진으로 표현할 수 있는 것이라면 무엇이든 좋다.

2 사진을 찍는다.

　자신이 표현하고자 하는 피사체를 찾았다고 해서 무작정 사진을 찍는 것은 아니다. 카메라를 들기 전 피사체를 존중해야 한다. 무작정 찍으면 자신이 원하는 작품이 나올 가능성이 적다. 최대한 피사체와 교감한 후 카메라를 들도록 한다. 사진을 찍을 때는 자신이 표현하고자 하는 방향에 따라 구도, 세팅, 빛 등을 고려해야 한다.

3 작품을 다듬는다.

　도자기를 만들 때도 마지막에 모양을 다듬는 작업을 한다. 마찬가지로 사진을 찍었다고 작업이 끝난 것이 아니다. 본인이 표현하고자 하는 것을 위해 자신의 작품을 포토샵 등의 프로그램을 사용하여 편집하고 다듬는다.

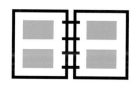

4 전시회를 열거나 포트폴리오를 만든다.

　작품을 완성하고 나면 작품을 알려야 한다. 자신의 작품을 알리는 가장 좋은 방법은 전시회를 열거나 포트폴리오를 만드는 것이다. 최근 SNS의 발달로 자신의 작품을 인스타그램에 올리는 사진작가가 늘고 있는데, 인스타그램 같은 SNS 플랫폼을 이용하는 것도 자신을 알리는 좋은 방법이다.

사진작가의 분류

　사진작가는 촬영을 하기 전에 대상의 특징과 위치를 고려하여 구도를 결정하고, 그에 따라 카메라의 각도, 조명, 초점, 노출 정도를 결정해 사진을 촬영한다. 사진작가는 사진의 대상이나 목적에 따라 인상사진가, 생태사진가, 광고사진가, 순수사진가, 보도사진가(사진기자), 라이브러리사진작가 등으로 나뉘며, 활동하는 분야에 따라 촬영 대상이나 방법도 달라진다. 사진은 그 쓰임새에 따라 실용 사진과 창작 사진으로 나뉘기도 하는데, 실용 사진으로는 기념사진, 증명사진, 자료 사진, 광고 사진, 보도 사진 등을 들 수 있으며, 창작 사진에는 다큐멘터리 사진과 순수 사진 등이 있다.

인상사진작가
　인물의 인상을 위주로 사진을 촬영한다. 주로 스튜디오에서 웨딩 사진이나 아기 사진, 개인 프로필 사진 등을 전문적으로 촬영한다.

생태사진작가
　생태사진작가는 자연환경 속에 있는 동물, 식물, 곤충 등을 전문으로 촬영한다. 원하는 장면을 촬영하기 위해 여러 장소를 돌아다니거나, 원하는 장면의 한 순간을 포착하기 위해 촬영 장비를 착용한 채로 장시간 동안 한 장소에서 기다리기도 한다.

광고사진작가
　광고사진작가는 상품, 기계, 건물을 대상으로 광고, 홍보, 편람 도해 등에 사용되는 사진과 기타 상업용 사진을 촬영한다.

순수사진작가

순수사진작가는 자기표현을 목적으로 예술적인 면을 강조한 사진을 촬영한다. 이들은 주로 작품 활동과 사진 전시회를 통해 활동한다.

보도사진작가

보도사진작가는 보통 '사진기자'로 더 많이 불리며, 취재기자와 함께 팀을 이뤄 일할 때가 많다. 이들은 신문, 잡지 및 기타 간행물 등에 게재하기 위하여 기사에 적합한 인물이나 사건 현장을 촬영하거나, 운동 경기와 같은 특정 뉴스를 전문으로 촬영하기도 한다.

라이브러리사진작가

라이브러리사진작가는 주로 자신이 찍은 사진을 대여 또는 판매하기 위해 작품 활동을 한다. 이들은 가족, 여행, 라이프스토리, 풍경, 스포츠 등의 특정 주제를 중심으로 사진을 찍고, 사진을 대여 또는 판매하는 라이브러리 업체에 제공한다. 사진과 관련된 다른 일을 병행하는 경우도 있다.

그 밖에도

학교나 학원에서 강의 활동을 많이 하는 편이다. 또는 사진관이나 스튜디오, 현상소를 직접 운영하면서 사진 현상·인화·편집 등의 일을 함께 하기도 한다. 포토샵 등의 프로그램을 이용해 사진 내용을 수정·보정하는 작업을 수행하기도 하며, 인터넷 전자 상거래를 위한 상품 사진을 촬영하고 이를 웹상에 올리기 위해 웹디자인 능력을 발휘하기도 한다.

출처: 한국고용정보원 워크넷

사진작가의 자격 요건

─── **어떤 특성을 가진 사람들에게 적합할까?** ───

- 사진작가에게는 미적 감각은 물론, 풍부한 상상력과 창의력이 요구되며, 형태 지각력, 공간 판단력, 순발력 등이 있어야 한다.
- 카메라의 조작과 관련된 원리와 기술을 이해하고 응용하는 능력, 화학 및 광학과 관련된 지식 등이 필요하다.
- 촬영 대상을 직접 찾아다니는 열정과 적극성이 필요하다.
- 예술형과 탐구형의 흥미를 가진 사람에게 적합하며, 독립성, 인내심, 사회성 등의 성격을 가진 사람들에게 유리하다.

출처: 진로정보망 커리어넷

사진작가와 관련된 특성

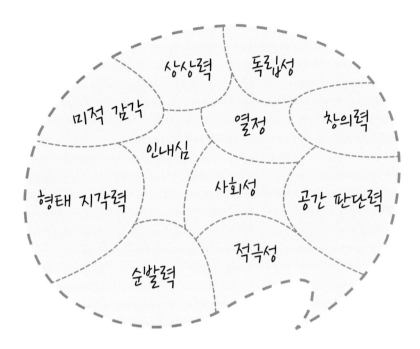

상상력
독립성
미적 감각
열정
창의력
인내심
형태 지각력
사회성
공간 판단력
적극성
순발력

Q "사진작가에게 필요한 자격 요건에는 어떤 것이 있을까요?"

톡(Talk)!
오재철

감성이 중요해요.

가장 중요한 건 감성이에요. 세상을 다르게 볼 줄 아는 시선, 똑같은 것을 봐도 더 아름답게 머릿속에 그려낼 수 있는 능력이요. 눈앞에 있는 대상을 그대로 찍는 게 아니라 가장 아름답게, 혹은 상대방이 원하는 대로 새롭게 표현해 내는 것이 바로 감성이죠. 케이크를 촬영한다면 가장 맛있어 보이게 표현할 수 있어야 하고, 연인을 촬영한다면 가장 사랑스럽게 표현할 수 있어야 해요. 그리고 표현하고자 하는 장면들 하나하나를 머릿속에 그릴 수 있어야 해요. 머릿속에 그림을 예쁘게 그려내는 사람일수록 더 좋은 사진을 찍을 수 있겠죠.

톡(Talk)!
김병준

부지런해야 해요.

부지런하지 않으면 힘들어요. 사진작가마다 작품 내용이나 성격, 작업 방식 등이 매우 다양하기 때문에 사진작가의 자격 요건을 정의하기가 쉽지는 않지만, 일단 부지런한 사람이 그렇지 않은 사람보다는 좋을 것 같아요.

톡(Talk)! 이유진

시야가 넓어야 하고, 경험도 많아야 해요.

시야가 넓어야 해요. 시야가 좁으면 사진 찍기가 불편하고 힘들어요. 넓은 시야로 주변 상황이 어떤지 다 캐치할 수 있어야 하죠.

경험도 굉장히 중요합니다. 사진을 많이 보고, 또 많이 찍어 봐야 하죠. 특히 야외 촬영을 할 때는 빛의 방향과 밝기에 따라 다른 느낌이 들기 때문에 보는 눈을 길러야 해요. 요즘은 인터넷을 통해서 국내 작가, 해외 작가들의 사진을 언제든 쉽게 볼 수 있는데요. 사진을 많이 찍고, 보다 보면 아이디어도 많이 떠오르게 되고 시야도 넓어집니다.

톡(Talk)! 전명진

자신만의 시선으로 세상을 바라보는 것이 중요해요.

개인적으로 사진은 어떤 사진이건 간에 다큐멘터리와 아트의 경계에 있다고 생각해요. 어느 쪽으로 더 치우치느냐에 따라 달라지는 거죠. '나는 상업 사진을 하니까 패션, 제품 사진만 해야 해', '나는 순수 사진을 하니까 내 작품만 할 거야', 이런 게 아니에요. 자신만의 작품 사진을 하다가 상업 건축 사진작가가 되기도 하고, 혹은 그 반대의 경우도 있죠. 그래서 마음껏 세상을 바라볼 수 있고, 자신만의 시선으로, 자신만의 스타일로 자신의 이야기를 전달하고 싶어 하는 사람에게 어울리는 직업인 것 같아요.

톡(Talk)!
안준

즐기는 것을 넘어서야 합니다.

아무래도 사진에 매력을 느끼는 것이 첫 번째겠지요. 냉정하게 들릴 수도 있겠지만, 여가 시간에 취미로 사진을 촬영하는 것이 아닌, 이를 직업으로 택해 살아가기 위해서는 타고난 재능도 중요합니다. 이외에도 예술 사진의 경우라면, 회화, 조소, 판화 등의 다른 미술 장르가 아닌 사진을 선택한 것에 대한 명쾌한 이유가 있다면 좋겠어요.

사진을 좋아한다는 전제 하에, 상업 사진작가의 경우 타인과의 협업을 즐길 줄 알고, 또 잘하는 사람이 적합합니다. 촬영 시에 모델과 충분한 교감을 하고, 정해진 시간과 조건 하에 최선의 결과를 만들기 위해서는 주변 스태프들과 원만한 관계를 유지하며 협력해야 하기 때문이죠.

톡(Talk)!
채신영

섬세하게 바라보는 시각이 필요해요.

섬세하게 바라보는 시각을 가지고 인물 한 명 한 명, 풍경 하나하나가 가지고 있는 고유의 매력을 프레임 안에 담아낸다면, 대단한 것을 찍으러 멀리 가지 않아도 의미 있는 사진 한 장을 만들어 낼 수 있을 것이라 생각합니다. 사진은 빛으로 그려내는 예술이잖아요? 빛과 그림자, 그것들이 만들어내는 분위기를 감상하며 피사체를 바라본다면 더욱 좋을 것 같아요.

내가 생각하고 있는 사진작가의
자격 요건을 적어 보세요!

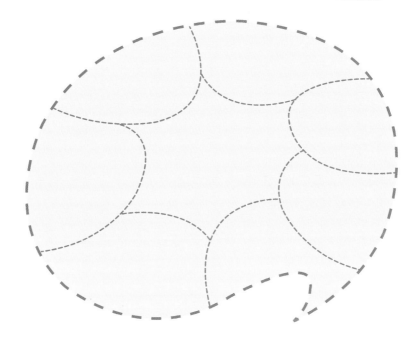

사진작가가 되는 과정

1 카메라를 장만한다.

사신을 찍기 위해서는 카메리가 필요하다. 카메라는 크기와 사용 용도에 따라 35mm 카메라, 중형 카메라, 대형 카메라, 특수 목적 카메라 등으로 나눠진다. 카메라를 선택할 때는 크기, 무게, 구도, 초점, 노출 조절 장치, 조리개, 셔터 스피드와 같은 기능들도 살펴보아야 하며, 카메라의 조작 방법이 자신에게 잘 맞는지도 고려해야 한다. 따라서 카메라를 구입할 때는 직접 카메라를 보고 만져본 후 사는 것이 좋다.

세상에서 가장 좋은 카메라는 자신이 원하는 순간을 찍을 수 있는 카메라이다. 기능이 너무 많거나 지나치게 비싼 카메라는 조작 방법도 복잡한 편이므로, 오히려 결정적 순간을 포착하기에 적합하지 않을 수도 있다.

2 일단 찍는다.

  시작하지 않으면 아무 일도 일어나지 않는다. 자신이 무엇을 해야 할지 모른다면 우선 카메라를 들고 나가자. 나가서 관심이 가는 것을 무작정 찍어 보자. 사진은 책상에 앉아 공부하는 것이 아니다. 직접 사진을 찍으며 구도, 빛, 기법 등을 익혀야 한다. 또한 유튜브나 책을 통해 사진 편집에 필요한 툴의 사용을 익히도록 한다. 더 나아가, 자신이 찍고자 하는 사진의 주제를 정하고 연습을 통해 자신만의 스타일을 만들어 보자.

3 결과물을 만든다.

  과거에는 사진작가가 되는 방법이 한정적이었다. 자신의 포트폴리오를 들고 직접 잡지사, 신문사, 방송사에 찾아가 알려야만 했다. 하지만 오늘날은 SNS 계정만 있다면 누구라도 사진을 찍어 본인의 작품을 알릴 수 있다. 인스타그램, 페이스북과 같은 플랫폼을 적극 활용하여 자신의 작품을 올려 보자. 대중들은 당신의 사진에 피드백을 할 것이다.

사진작가의 좋은 점 · 힘든 점

톡(Talk)!
채신영

| 좋은 점 |

좋은 사진을 많이 볼 수 있어 좋아요.

사진작가를 하면 좋은 사진을 계속해서 감상할 수 있어요. 찍어둔 사진을 보며 시나간 시간을 돌아보게 되고, 촬영 당시에는 발견하지 못했던 아름다운 찰나를 발견할 때 큰 행복감을 느껴요. 쉴 새 없이 흘러가던 시간이 사진 속에서는 조용히 멈춰있는 것 같은 느낌이 들거든요. 마음이 편해지고, 칙칙한 머릿속이 환기되는 것을 경험할 수 있어요.

톡(Talk)!
오재철

| 좋은 점 |

좋은 것을 많이 경험할 수 있습니다.

좋은 것을 보고, 좋은 곳에 많이 다니고, 좋은 생각을 많이 할 확률이 높아지는 것이 사진작가의 좋은 점이라고 생각해요. 아무래도 많은 분들이 예쁘고, 즐겁고, 행복한 모습을 찍어달라고 요청하시니까 그런 곳에 자주 가게 되고, 그럼 일단 즐거운 분위기 속에서 일하게 되죠. 또 다양한 곳에서 불러 주시기 때문에 제가 직접 경험하지 못하는 분야나 상황을 간접적으로 경험할 수 있다는 점도 좋아요.

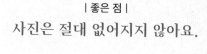

| 좋은 점 |
사진은 절대 없어지지 않아요.

제가 사진을 좋아하는 결정적인 이유는, 우리 머릿속의 기억은 금방 잊히지만, 사진은 절대 없어지지 않기 때문이에요. 사람은 시간이 흐르면 있었던 일을 잊어버리게 되지만, 사진은 시간을 기록할 수 있는 능력을 갖고 있죠. 우리가 서너 살 때의 일을 정확히 기억할 수는 없지만, 어릴 적 아버지가 찍어주셨던 사진에는 그때의 추억이 기록되어 있잖아요. 과거의 일을 정확하게 기록으로 남기는 사진의 매력을 사진작가라는 직업 또한 갖고 있는 셈이죠.

| 좋은 점 |
좋아하는 일을 하며 살 수 있는 직업입니다.

사진작가의 가장 큰 좋은 점이라면, 좋아하는 일을 하며 살 수 있다는 점입니다. 또, 작업을 하고 이를 발표하는 과정에서 많은 곳을 방문하며 다양한 경험도 쌓을 수 있어요. 저의 경우는 함께 일하는 갤러리는 스위스에 있고, 저작권을 관리해 주던 곳은 영국에 있고, 책을 출판한 곳은 일본이기 때문에 여권의 모든 페이지가 출입국 확인 도장으로 가득 찰 정도로 해외에서도 일이 많아요. 이런 것은 분명 좋은 점이기도 하지만, 반대로 한 곳에서 정해진 시간에 안정적인 일을 하는 것을 선호하는 사람에게는 힘든 일일 수도 있습니다.

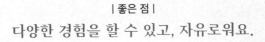

톡(Talk)!
전명진

| 좋은 점 |
다양한 경험을 할 수 있고, 자유로워요.

　우선 가장 큰 장점은 다양한 분야의 다양한 사람, 장소를 만날 수 있단 점이에요. 어떠한 장소를 찍기 위해서는 그 장소에 가야만 하기 때문에, 그 장소 주변의 사람들의 모습과 삶도 볼 수 있어요. 패션 사진은 굉장히 빠르게 변화하고 요구하는 것도 다양해요. 반대로 건축 사진은 느림을 간직하고 있고, 건축에 담긴 철학도 깊게 알아야 하죠. 이처럼 사진을 찍다 보면 다양한 분야, 다양한 사람들의 깊은 이야기를 들을 수 있어요.

　또, 사진작가는 어디서나 일할 수 있다는 장점과, 다음 일정이 없으면 자유롭게 여러 경험을 할 수 있는 프리랜서로서의 장점이 있어요. 그리고 이 세상 어느 곳에서라도 작업을 할 수 있다는 점도 좋은 점이죠.

톡(Talk)!
이유진

| 좋은 점 |
뿌듯하고 행복해요.

　사진작가의 좋은 점은 소중한 한 순간을 기록해 주는 역할을 한다는 것이에요. 누군가에게 큰 행복과 추억을 선물하며 뿌듯함을 느낄 수 있죠. 그럴 때 상대방이 느낀 행복이, 저에게도 다시 되돌아오는 느낌이에요.

톡(Talk)!
김병준

| 힘든 점 |
사진은 창작물로서의 인식이 낮은 편이에요.

사진작가는 예술가에 속하는 직업이잖아요. 그런데 우리나라는 예술에 대한 값을 적게 치는 게 매우 안타까워요. 예를 들어 일출 사진 하나를 찍을 때, 운 좋으면 하루 만에 사진이 나올 수도 있지만 그렇지 않은 경우가 훨씬 더 많은데요. 사진작가들이 사진 한 장의 가격을 책정하면, 왜 사진 한 장이 그 가격이냐면서 이해를 못 하시는 분들도 많아요. 사진은 창작물로서의 인식이 낮은 것 같아요.

톡(Talk)!
채신영

| 힘든 점 |
체력적으로 많이 힘듭니다.

작업 시간이 길어지면 체력적으로 많이 힘들어집니다. 오랜 시간 촬영 작업과 보정 작업을 하다 보니 손가락이나 손목 등, 많이 사용하는 부분의 관절에 무리가 오고, 모니터를 오랫동안 들여다보아서 목과 눈이 쉽게 피로해지기도 합니다.

| 힘든 점 |
고정적인 수입이 없다는 점은 힘든 점입니다.

힘든 점이라면 예술 사진과 상업 사진 모두, 대부분의 경우 고정적인 수입이 없다는 것입니다. 예술 사진의 경우 사진이 판매되었을 경우에는 갤러리에서 판매 대금을 받고, 이미지가 사용되었을 경우에는 에이전시를 통해, 혹은 매체나 기업을 통해 저작권료를 받습니다. 그리고 강연을 하면 강연료를 받고, 기고를 하면 원고료를 받고, 방송에 출연하게 되면 출연료를 받죠. 그러나 이들 모두 고정적인 수입은 아닙니다. 유명 작가라면 일이 많아서 수입이 많은 경우도 있지만, 반대로 생활을 유지할 수 없을 정도로 수입이 적기도 해요. 상업 사진의 경우, 방송국, 신문사, 잡지사 등의 사진기자로 소속되어 일하거나 미디어와 장기 계약을 맺어 일하는 경우를 제외하면 대부분이 안정적인 월급 없이 프리랜서로서 촬영을 하며, 본인이 계약한 만큼의 대가를 지급받게 됩니다. 일이 잘된다면 매우 좋겠지만 그렇지 않다면 힘들겠지요.

| 힘든 점 |
날씨의 영향을 많이 받아요.

힘든 점이라면 날씨에 영향을 많이 받는다는 점이에요. 사진은 해가 뜰 때와 질 때 가장 잘 나오는데, 그 시간을 위해 기다려야 하죠. 비가 오면 일을 못하고, 기상이 갑자기 악화되면 기다리던 것이 물거품이 될 때도 있고요. 그러면 고생하는 것에 비해 정당한 대가를 받지 못하게 되고, 따라서 수입도 불규칙해지죠.

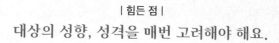

| 힘든 점 |
대상의 성향, 성격을 매번 고려해야 해요.

저는 주로 사람이나 동물 등, 생명이 있는 대상(피사체)을 촬영하기 때문에, 각자의 성격, 성향 등을 고려해야 해요. 대상에게 다가가려고 노력하지 않으면 촬영 자체가 힘들어지나 불가능할 수도 있거든요. 진심을 담아서 촬영하고자 하는 대상을 바라본다면 힘든 상황도 이겨낼 수 있답니다.

| 힘든 점 |
안정적인 생활이 힘들어요.

부자 되기가 힘들고 안정적인 생활도 하기 힘들다는 점이 힘든 점이죠. 저는 안정적인 것을 별로 좋아하지 않는 편이라 상관이 없지만, 안정을 중요시 여기는 사람에게는 별로 좋은 직업이 되지 못할 수도 있어요. 자유로우면서 안정적인 건 불가능하니까요.

사진작가 종사 현황

◆ 성별

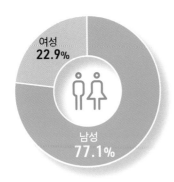

여성 22.9%
남성 77.1%

◆ 연령

60대 이상 12.6%
20대 이하 15.3%
50대 17.8%
30대 21.2%
40대 33.1%

◆ 학력

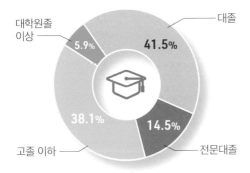

대학원졸 이상 5.9%
대졸 41.5%
고졸 이하 38.1%
전문대졸 14.5%

◆ 임금(단위: 만 원)

300
360
500

하위 25%
중위 50%
상위 25%

출처: 통계청(2017), 「지역별고용조사」

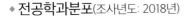

◆ 전공학과분포(조사년도: 2018년)

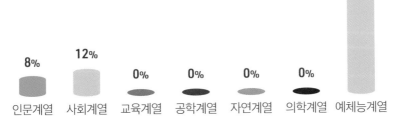

인문계열 8%
사회계열 12%
교육계열 0%
공학계열 0%
자연계열 0%
의학계열 0%
예체능계열 79%

출처: 워크넷

사진작가의

생생
경험담

미리 보는 사진작가들의 커리어패스

사진작가 **전명진**　　서강대학교 기계공학과
졸업

한복 세계 여행

사진작가 **안준**　　서던캘리포니아대학교(USC)
학부 과정 미술사 전공(BA)
뉴욕 파슨스디자인스쿨
대학원 과정 사진 전공

사진작가 **오재철**　　중앙대학교 사진학과 졸업
영어 과외 활동

사진작가 **채신영**　　상명대학교
사진영상미디어전공
졸업

영화 촬영 현장
스틸 사진작가

사진작가 **이유진**　　안양예술고등학교
사진과 졸업
상명대학교
사진영상미디어전공
졸업

사진작가 **김병준**　　대학교 건축학과 졸업

금호아시아나 건설
시공 관리직

김중만 스튜디오

현) 패션, 건축, 여행 사진작가

국내외
사진 전시

홍익대학교 사진학
박사 학위

현) 예술 사진작가

프리랜서 사진작가

현) 사진작가 겸 여행 에세이 작가

유치원, 사진관, 휴대폰 케이스 회사 등 근무

현) 하품 대표

안양예고 사진과 시간강사
서울대 중앙도서관 고문헌자료실
DB 구축팀 근무

현) 반려동물 초상 사진 포토그래퍼,
반스 스튜디오(반려동물 사진 전문 스튜디오)
대표

호주 워킹홀리데이 중
패션 사진작가 활동

유라시아 대륙
횡단 여행

현) 패션, 여행 사진작가

1년간 한복을 입고 세계를 돌아다니며 찍은 사진에 담긴 사연을 듣고 김중만 작가는 그에게 사진작가의 길을 권했다. 김중만 스튜디오의 문하생으로 5년간 일하면서 사진에 대한 자신만의 스타일과 철학을 쌓고 독립했다. 사진 잘 찍는 사람보다 '함께 사진을 하고 싶은 사람'으로 남길 바라는 그는 한편의 시 같은 사진을 찍기 위해 노력하고 있다.

사진작가
전명진

전시
- 2017 <나를 기억해 쿠바> 쿠바 사진전
- 2015 <My Wish> 4인전
- 2014 <바람을 품은 돌집> 네팔 사진전 등

프로젝트
- 2019 행정안전부 디지털사회혁신 프로젝드(제주)
- 2017 UNICEF 블루라이트 프로젝트(카메룬) 촬영
- 2014 EBS <세계테마기행> 모로코 편 출연
- 2013~ 팟캐스트 <탁 PD의 여행 수다> 진행
- 2012~2014 KBS <1박 2일> 전속 포토그래퍼
- 2008~2009 세계 일주(48개국), 한복 프로젝트 등

출판
- 2019 <천천히 촘촘히 찬찬히>(사진) (행정안전부)
- 2015 <낯선> (북클라우드)
- 2014 <탁 피디의 여행 수다> (김영사)
- 2012 <꿈의 스펙트럼> (안그라픽스) 등

- 김중만 스튜디오
- 서강대학교 기계공학과 졸업

사진작가의 스케줄

전명진 사진작가의 하루

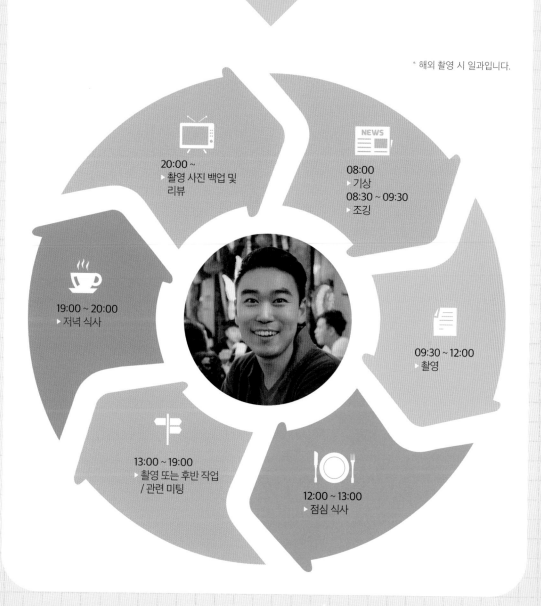

* 해외 촬영 시 일과입니다.

20:00 ~
▶ 촬영 사진 백업 및 리뷰

08:00
▶ 기상
08:30 ~ 09:30
▶ 조깅

19:00 ~ 20:00
▶ 저녁 식사

09:30 ~ 12:00
▶ 촬영

13:00 ~ 19:00
▶ 촬영 또는 후반 작업 / 관련 미팅

12:00 ~ 13:00
▶ 점심 식사

한복과
열정을 입고
세계 여행을
하다

▶ 어린 시절의 나

▶ 입대 전에 찾은 인도에서

▶ 세계 여행 중, 태극기를 들고

Question 작가님의 학창 시절은 어땠나요?

저는 손재주가 있는 학생이었어요. 초등학교 때부터 그림을 좋아해서 미술 학원을 다녔습니다. 그림을 그리기 시작했는데 남들보다 제법 잘 그렸죠. 금방 미술에 두각을 나타내서 전국대회 대상도 받았어요. 초등학교 때부터 '전명진' 하면 그림 잘 그리는 학생으로 불렀어요. 그림뿐만 아니라 만드는 것에도 재주가 좀 있었나 봐요. 과학 상자나 모형 항공기 만들기를 좋아하고, 또 잘했습니다. 그래서 당시에 저는 미대에 가야겠다고 생각했고, 주변 분들도 제가 미대에 가면 좋겠다고 생각하셨어요.

Question 학창 시절, 진로를 선택할 때 영향받은 사건이 있나요?

중학교 때 우연히 친구를 따라 해양소년단이나 보이 스카우트처럼 활동하는 '우주소년단'을 하게 되었어요. 별을 보러 천문대에 가거나 모형 로켓을 만들어 보는 활동을 주로 했죠. 당시는 최초로 우리 기술로 만든 사업용 인공위성인 '무궁화 위성'을 NASA(미국 항공우주국)에서 발사하기로 예정되어 있었던 때인데요. 우리나라 우주소년단원 중 무궁화 위성을 발사하는 장면을 참관할 참관단을 모집했어요. 저도 그 참관단에 지원했는데 운 좋게 뽑혔죠. 중학교 2학년생이 미국에 간다는 것 자체도 좋은데 심지어 NASA에 간다는 게 믿기지 않았어요.

NASA 방문을 위해 미국에 갔을 때, 올랜도에 있는 존 F. 케네디 우주 센터를 방문했습니다. 케네디 우주 센터 앞에는 방문객 센터가 따로 있어요. 그곳에서는 달에서 가져온 암석도 볼 수 있고 우주복도 사이즈별로 입어볼 수 있죠. TV에서 보던 것이 바로 눈앞에 있다는 사실이 당시 제겐 충격이었어요. 그중에서도 가장 충격적이었던 것은 곧 발사될 발사체 로켓이었죠. 지금 봐도 로켓이 거대한데, 당시의 저는 건물만 한 크기의 로켓에 말을 잃었어요. 로켓을 보는 도중에 갑자기 이런 생각이 드는 거예요. '난 커서 우주선 만드는 사람이 돼야겠다.'

Question 꿈을 바꾼 후, 학교생활은 어떠셨나요?

NASA에 다녀오기 전까지는 장래 희망을 디자이너로 생각하고 있었죠. 그런데 NASA에 다녀온 후, 우주선을 만드는 사람이 되겠다는 이유로 장래 희망을 바꿨어요. 우주선을 만들기 위해서는 공대에 가야 한다는 것을 알고는 공대에 진학하기로 마음먹었죠.

하지만 중학교 3학년 때, 고등학교 진학을 앞두고 고민을 했어요. 전 평소에 공부를 잘하는 편이 아니었고 특히 수학, 과학은 잘 하지 못했어요. 그래서 그런지 주변 사람들은 다 반대했어요. 그림을 잘 그리는데 왜 인문계 고등학교에 가려고 하냐, 그보다는 예고에 가면 좋겠다는 이야기를 많이 들었죠. 주변의 만류에도 불구하고 당시의 저는 NASA에 가겠다는 일념으로 인문계 고등학교에 진학하게 됩니다. 고등학교 입학 당시에는 수학, 과학에 대한 기초가 부족해서 너무 힘들었어요. 하지만 꿈을 위해 계속해서 열심히 공부한 결과, 처음엔 100점 만점에 50점도 맞지 못하던 제가 일취월장하여 마침내는 대학교 기계공학과에 진학했습니다.

Question 대학 생활은 어땠나요?

대학에 가니까 공부를 잘하는 학생들이 많았어요. 저도 열심히 노력해서 고등학교에서는 나름 물리나 수학을 잘하는 학생이 되었는데, 대학에 가니 저보다 잘하는 친구들이 많아서 좋은 성적 받기가 힘들었죠. 또, 한국에서만 공부해서는 NASA에 취업하기 힘들겠다는 생각이 들었어요. 그렇지만 저는 우주선을 만들기 위해 공대에 왔기 때문에 NASA 이외의 회사는 가고 싶지 않았죠. 그렇다고 유학을 갈 형편도 아니었고요. 그래서 고민도 방황도 많이 한 시간이었습니다. 중, 고등학교 때부터 한 가지 꿈만을 향해 달려오던 제가 꿈을 잃은 거죠. 저는 군대를 ROTC로 가기로 해서, 진로에 대한 답도 못

찾고 성적도 애매한 채로 계속 학교를 다녔어요.

고민의 시간 동안 '내가 그동안 진로나 목표를 너무 막연하게 생각했고, 세상에 있는 다양한 길을 아무도 알려주지 않아서 이러는 건 아닐까? 그렇다면 세상을 넓게 보는 게 좋지 않을까?'라는 생각을 했어요. 세상을 바라보는 눈을 키우기 위해 책도 많이 읽고 학교생활 외에도 다양한 활동을 많이 했습니다. 운동을 좋아해서 암벽 등반도 해보고 스노보드 동아리에 들어가서 스노보드 선수 생활도 해봤죠.

Question
대학 시절에 한 진로에 대한 고민은 어떻게 해결하셨나요?

ROTC로 군대를 가기로 해서 휴학 없이 대학 4년을 달렸는데, 졸업 전 마지막 방학이 다가오자 군대 가기 전에 친구들과 어디든 가보고 싶다는 생각에 여행을 계획했습니다. 저렴한 가격으로 오래 머무를 수 있는 인도를 여행지로 선택했어요. 그렇게 떠난 인도라는 세상은 우리가 사는 세상과는 전혀 다른 세상이었어요. 그때 저와 친구들은 그동안 가지고 있던 가치관, 문화와 인도의 그것이 너무 다르다는 사실에 큰 충격을 받았죠.

INDIA

인도 여행을 통해 나의 상식만으로 남을 판단하는 것은 주제넘은 행동이고, 세상은 우리가 생각하는 것보다 훨씬 넓고 다양하다는 것을 느꼈어요. 그리고 내가 진로에 대해 고민한 이유는 선택지가 부족했기 때문이고, 나의 진로에 대한 선택지를 우주선을 만드는 것이나 전자 회사에 입사하는 것으로 한정하면 선택의 폭이 너무 좁아질 것이란 생각도 들었습니다. 그래서 남들이 사는 모습을 충분히 본 후에 나의 미래를 결정해야겠다는 결론을 내렸고, ROTC 군 생활을 마치고 세계 여행을 시작하게 됩니다.

Question 세계 여행 동안 한복을 입고 다니신 이유는 무엇인가요?

당시에는 세계 여행을 하는 사람이 많지 않았어요. 나에게 세계 여행은 큰 모험인데, 단순히 여행만 하기는 뭔가 아쉽다는 생각이 들었어요. 당시는 싸이의 '강남스타일'도 나오기 전이라 우리나라에 대해 많이 알려져 있지도 않았죠. 물론 많은 외국 사람들이 이미 <대장금> 같은 드라마, 한국의 유명 기업이나 브랜드를 알고는 있었지만 그것들을 우리나라와 잘 연결하지 못했고 일단 대한민국 자체를 모르는 사람이 대부분이었는데요. 우리나라 하면 떠올릴 이미지가 없는 현실이 너무 안타까웠어요. 그래서 직접 우리나라를 알릴 방법은 무엇일지 찾아 봤어요. 궁리 끝에 사물놀이나 태권도는 할 줄 모르니까 그렇다면 한복을 입자고 생각했죠. 한복을 입고 전 세계 명소에서 사진을 찍으니 외국 분들이 관심을 가져 주었어요. "네가 입은 옷이 기모노냐? 치파오냐?"라고 물으면, 저는 "아니다. 이건 한국의 한복이라는 옷이다."라고 대답해 주었죠. 해외의 여러 명소를 돌아다니면서 저에게 호기심을 갖는 외국인 분들에게 우리나라에 대해 설명해 드렸고, 저는 한복을 입고 세계 여행을 한 최초의 사람이 되었어요.

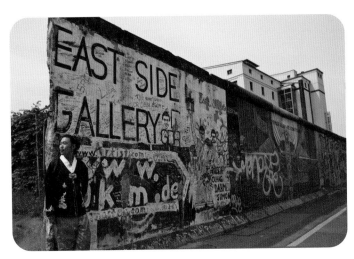

▶ 독일 베를린 장벽 앞에서

세계 여행을 하면서 느낀 점은 무엇인가요?

　남미·북미·아프리카·유럽·중동·아시아를 정확히 1년 365일 동안 여행했습니다. 여행을 하는 동안 해외 각지에서 유학 중인 한국인 유학생들이나 현지인들에게 살아가는 이야기를 들었고, 현지인 집에서 카우치 서핑도 하며 많은 사람들과 교류하는 등 다양한 경험도 해 봤죠. 별별 사람들을 다 만나면서 세상에는 참 많은 직업이 있다는 것을 알게 되었어요.

　여행 중, 평소 가지고 있던 저의 편견과 가치관을 깨준 친구를 두 명 만났는데요. 대부분 여행을 가려면 돈이 많아야 한다고 생각하잖아요. 저도 당시에는 그렇게 생각했고요. 그런데 여행에서 만난 한 친구는 자신이 손수 제작한 여행 가이드북을 길거리에서 판매해 다음 여행지의 경비를 마련한다는 거예요. 자신이 직접 여행해 본 장소를 그림으로 그리고, 자신만의 설명을 적어 여행 가이드북을 만들고 사람들에게 접근하는 방법을 취한 거죠. 그 친구는 제가 가지고 있던 여행에 대한 기존의 편견을 완전히 무너뜨렸어요.

　또 다른 한 명은 저를 재워 준 친구예요. 그 친구는 "나는 1년에 한 달만 일한다. 나머지 열한 달은 여행을 다니면서 쉰다."라고 하더군요. 그 친구는 F1 엔진 디자이너였는데, 시즌 중인 한 달만 일하고 그때 번 돈으로 남은 11개월을 산다는 거예요. 그 이야기를 들은 저는 충격을 받았죠. 왜냐하면 이전까지 엔지니어라면 당연히 기업에 들어가 일을 해야 하는 직업이라고 생각했거든요. 하지만 그 친구를 보면서 '같은 기계공학을 전공하고도 저렇게 살 수 있구나.', '세상엔 먹고 살 수 있는 방법이 정말 다양하게 존재하는데 우리는 사회가 주는 선택지 안에서만 방법을 골랐던 거구나.'라는 생각이 들었어요.

여행을 통해 세상에는 정말 다양한 직업이 있고, 먹고사는 방법도 다양하다는 걸 깨닫고 나니, 어찌 보면 부작용이라 할 수 있는데, 미래에 대한 아무런 대안도 없으면서 '나 취직 안 할래'가 되어버렸어요. 내가 세상을 돌아다니며 다양한 걸 봤는데, 또 취업은 하기

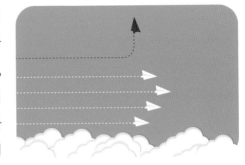

싫고, 그렇다고 어떤 일을 뛰어나게 잘할 방법은 없는 것 같고, 이래저래 고민이 많았죠. 저에 대한 확실한 자신은 없었지만 사회가 정해준 틀에서 나오고 싶었습니다.

그래서 저의 인생 멘토 리스트를 작성하기 시작했어요. 기준은 기존 시스템 밖에서 자신의 영역을 만든 분들을 적는 것이었어요. 정규 코스를 밟지 않고 자기 위치에서 최고라 불리는 자리까지 올라간 분들, 이를테면 소설가 조정래 선생님, 만화가 허영만 선생님, 디자이너 앙드레김 선생님, 수필가 장영희 교수님 같은 분들이요. 당시에는 막연히 그분들에게서 용기를 얻고 싶어 무작정 메일을 보내거나 출판사에 찾아가 한번만 찾아 뵙게 해달라고 부탁했어요.

어린 마음에 일단 그분들을 만나서 용기를 얻고 싶었던 거죠. 하지만 생각보다 만나기 쉽지 않더라고요. 신사동에 있는 앙드레김 선생님 의상실에서 앙드레김 선생님을 기다려보기도 했어요. 그러다 보니 몇몇 분들은 직접 만나 뵙기도 했죠. 당시에 그분들을 찾아볼 때 좀 더 준비를 했어야 했는데, 별 대책 없이 막연히 용기를 달라고만 하니까 그분들이 볼 때 저라는 아이는 신기하고 흥미로우면서도 '그래서 뭐?' 이렇게 되어 버리는 것이었죠.

그러다 제가 사진작가가 된 결정적인 이유이기도 한 김중만 선생님을 알게 됩니다.

인간적인
경험주의자

▶ EBS <세계테마기행> 모로코 편 방송 출연 모습

▶ KBS <1박 2일> 출사여행특집 출연 모습

▶ 사진작가에게는 낙천적인 마음이 필요해요.

김중만 사진작가님을 만나게 되신 계기는 무엇인가요?

김중만 사진작가님도 만나보고 싶은 멘토 리스트 중의 한 분이셨어요. 우연히 김중만 선생님의 스튜디오 이름을 알게 되었지만 인터넷을 뒤져 봐도 스튜디오가 어느 지역에 있는지조차 찾기 힘들었어요. 그러던 중 친구 한 명이 김중만 선생님의 스튜디오가 청담 사거리에 있다는 정보를 알려 줬죠. 저는 그길로 한여름에 무작정 한 달 동안 청담동 일대와 논현동 일대를 샅샅이 찾아봤어요. 유명한 사진작가 스튜디오가 어디에 있냐고 주변 부동산에도 여쭈어보러 다녔는데, 결국 한 부동산에서 김중만 선생님의 스튜디오를 알려 주셨어요. 처음 스튜디오에 찾아갔을 당시, 선생님은 안 계셨고 선생님의 제자 분들만 있었어요. 제가 김중만 선생님을 찾아뵙고 싶어서 왔다고 말씀드리니까 포트폴리오를 두고 가라 하셨어요. 당시에 전 포트폴리오가 뭔지도 몰라서 그냥 한 번만 찾아뵙게 해 달라고 말씀드리니까 바쁘셔서 안 된다는 말만 돌아왔어요.

하는 수 없이 집에 돌아가던 중, 한 달간 김중만 선생님을 찾느라 고생했는데 그냥 집으로 돌아갈 수는 없다는 생각이 들었어요. 그래서 다시 스튜디오에 찾아가 '선생님이 사진을 오래 하셨다는데, 제가 김중만 선생님이 한 번도 보지 못한 사진을 갖고 있으니 만나게 해 달라'라고 말했어요. 그 당시엔 한복을 입고 세계 여행을 한 사람도 저 말고는 없었고, 제 사진이 대단하다기보다는 이런 시도를 한 사람은 저밖에 없었다는 것을 알고 있었기 때문에 자신이 있었어요. 그러고 나서 그날 선생님께 연락이 왔어요.

전화가 온 다음날, 김중만 선생님을 찾아뵙기 위해 스튜디오로 향했습니다. 선생님과 3시간 동안 이야기를 했는데 저를 아주 재미있어 하셨어요. 선생님에게서 용기를 얻고 막 나가려던 참에, 선생님께서 저에게 "앉아 봐, 너 앞으로 어떻게 하려고 그래? 너 같은 애가 사진을 하면 괜찮을 것 같은데. 우리 스튜디오 나와라."라고 말씀하셨어요. 그 말씀을 듣고, 당시에는 사진작가라는 직업에 전혀 생각이 없었지만 열심히 해 보겠다고 했어요.

사실 스튜디오에 나가기 전날까지도 고민이 많았어요. 같은 시기에 한 대기업에서 스펙을 갖춘 학생이 아닌, 독창적인 '야생형 인재'를 찾는다는 목표에 따라 각 학교의 야생형 인재를 추천받은 후 면접을 보는 식의 채용을 진행했어요. 저는 대학을 졸업하고 여러 멘토 선생님들을 찾아뵈러 다니던 중에 학교의 전화를 받았죠. 학교에서는 "전명진 학생이 야생형 인재에 가장 적합한 사람인 것 같은데, 흔치 않은 좋은 기회니까 한번 면접을 봐라."라고 했고, 저는 취업할 생각이 없었지만 '야생형 인재'라는 말이 신기하기도 하고 흥미로워서 지원을 하게 되었어요. 당시 지원서는 '자신의 야생성을 증명할 수 있는 에세이 및 증거 자료'로 채워야 했고, 면접 때도 자신의 야생성을 증명할 증거 자료를 제출해야 하는데 저는 딱히 낼 게 없어서 전 세계를 돌아다녔다는 증거로 제 여권을 제출했죠. 면접을 본 후 전혀 기대를 하지 않아서 가족들에게도 말을 하지 않았어요.

운명의 장난인지 김중만 선생님 스튜디오 출근 이틀 전, 최종 채용 발표가 났고 저는 최종 합격을 하게 됩니다. 최종 합격이 되고 나니 집으로 꽃바구니와 와인 선물도 배달됐어요. 어머니는 너무 기쁘셔서 동네방네 소문을 내고 다니셨죠. 가족들도 아주 기뻐하는 데다 저도 사람인지라 스튜디오 출근이냐 대기업 출근이냐를 놓고 인생 최대의 고민을 하게 되었어요.

Question 고민은 어떻게 해결하셨나요?

제가 학교생활이나 공부를 그렇게 열심히 한 것도 아니고, 그렇다고 스펙이 좋은 것도 아닌데, 이런 나를 뽑았다면, 이런 마인드를 가진 회사라면 내가 가 봐도 되지 않을까? 그런 고민이 됐죠. 그리고 같은 학과 친구들에게 보여주고 싶은 마음도 있었어요. 평소 제가 학교생활이나 공부보다는 다른 활동을 열심히 해서, 그것을 안 좋게 보고 비아냥거리는 친구들도 있었어요. 그 친구들에게 이렇게 나만의 방식으로 대기업에 갔다는 것을 보여주고 싶은 마음도 컸죠. 또 당시엔 사진작가에 대한 인식도 별로 좋지 않아서 고민은 더욱더 깊어졌어요.

하지만 저는 김중만 선생님과 스튜디오에 나오기로 약속을 했고 취업을 하는 게 원래 목적은 아니었기에 결국 부모님을 설득했고, 저를 알아봐 주신 담당 채용관님과 그룹 회장님께 정중하게 감사 편지를 쓴 후 스튜디오에 출근하게 되었습니다.

Question 스튜디오 생활은 어떠셨나요?

처음에는 '선생님 밑에서 1년만 열심히 해보자'라는 마음이었어요. 하지만 사진이라는 도구가 저의 생각을 표현하기 좋은 도구라는 것을 1년 사이에 깨달았죠. '그렇다면 조금만 더 해보자'라는 생각이 들었고, 5년이라는 시간이 흐르게 됩니다. 사실 쉬운 일은 아니었어요. 곧 서른인데, 급여가 너무 적으니 부모님을 뵐 낯도 없었고 친구들도 잘 만나지 못했어요. '내가 이 길을 걸으면서 먹고 살 수 있을까?'라는 고민을 많이 했죠. 하지만 이 길은 내가 선택하고 결정한 길인데, 여기서 더 이상은 물러설 수 없어서 오기를 가지고 했어요.

5년 동안 저 자신만의 스타일과 철학이 쌓이고 나서 독립하게 되었어요. 독립 직후엔 많이 힘들었어요. 나이는 32살인데, 돈도 잘 못 벌고, 창업에 대해서도 아무것도 모르는 상태였죠. 스튜디오를 열어 언론사, 잡지사, 각종 사업체에 포트폴리오를 돌리며 노력해 보았지만 생각만큼 쉽지 않았고, 경제적 어려움이 더해지자 스튜디오를 접을 수밖에 없었어요. 또다시 저의 방황이 시작된 거죠.

저는 작업을 할 수 있는 작은 공간을 얻기 위해 엄청나게 돌아다녔어요. 그러던 중 우연히 KT&G 상상마당에 암실이 많은 걸 알게 되었죠. 저 많은 암실 중 내가 사용할 수 있는 공간 하나쯤은 있지 않을까? 하는 생각이 들어 KT&G 상상마당에 찾아갔습니다. 당시 KT&G는 문화·예술에 많은 지원과 후원을 하고 있었고, 작가 지원 프로그램도 있었어요. 다만 전시회나 해외 전시를 도와주는 프로그램은 있어도 저 같은 형편의 작가들을 지원해주는 프로그램은 없었죠. 하지만 고맙게도 상상마당에서는 전시가 있을 때면 제가 특별 도슨트로 일할 수 있게 해주셨고, 그 외의 시간에는 자유롭게 암실을 사용하게 해주셨어요. 그렇게 2년을 상상마당에서 지내면서 점차 일도 생기고 수입도 생겼어요. 열심히 작업을 하다 보니 계속 기회가 생겨 다방면으로 일하게 되었습니다.

현재 하시는 일에 대해 설명해 주세요.

지금 저는 3가지 분야에서 일하고 있습니다. 패션, 건축, 여행의 모든 걸 사진으로 작업하고 있어요.

우선 패션 사진으로는 패션 브랜드 해지스와 닥스의 온라인 광고 사진, 구두, 정장, 여행용 가방의 화보 사진, 모델이 들어가는 사진 등을 찍고 있어요.

건축물 완공 시 건축물의 외부와 내부, 주변 환경을 촬영하는 일도 하고 있어요. 작은 선물은 촬영에 보통 3~4일이 걸리고, 송도에 있는 포스코 타워 같은 경우는 촬영을 위해 두 달 동안 5번을 방문하기도 했죠. 다섯 번 방문을 하면서, 한 번 방문을 할 때 3~4일 간 촬영을 했습니다. 네팔 같은 경우는 더 힘들었어요. 10일 동안 매일 아침에 해 뜨면 등산해서 촬영을 하고, 해질 때 내려오곤 했으니까요.

여행 사진은 '전명진'이라는 이름을 알게 해준 고마운 존재죠. 지금은 여행 잡지에 담을 사진, <내셔널지오그래피> 같은 잡지 사진도 찍고 있어요. 팟캐스트 방송 출연, 강연도 진행하고 있습니다.

책 집필과 출간은 어떻게 하게 되었나요?

사실 처음엔 책을 쓸 마음이 전혀 없었어요. 친구들이 "세계 여행을 다녀왔으니 책을 내야 하는 것 아니냐"라며 권유했지만, 딱히 책을 내고 싶다는 생각이 들지 않아 주변 사람들의 제안을 다 거절했어요. 그러던 중 당시 유명한 책이었던 《아프니까 청춘이다》를 읽고, '나는 박사도 유명한 사람도 아니지만, 직접 현재의, 우리의 20대를 살아 보고 있는 사람으로서 20대의 시선으로 20대의 삶에 대해 말하자. 나도 20대에 한번 책을 써보자'고 결심했어요.

처음엔 1년 정도 혼자 여행하면서 찍었던 사진을 모으고 어렵사리 원고를 써서 여러 출판사에 투고했지만, 전 유명한 사람도 아니고 글 솜씨도 좋지 못해서 다 거절당했어요. 그러다가 한 중소 출판사에서 글을 좀 다듬으면 괜찮을 것 같다며 도와주겠다는 연락을 주시기도 했는데, 독자의 입장에서 저 자신을 냉정하게 평가해 보니 아직 책을 내기엔 부족하다는 판단이 되어 일단 책 출판은 뒤로 미뤘죠. 대신 김중만 선생님 스튜디오에서 일하면서 새벽에는 언론고시 학원에 나가 글쓰기 수업을 1년 정도 들었어요. 호기심에 언론고시를 준비하는 사람들과 함께 방송국 채용 시험에도 응시해 보았는데, 놀랍게도 서류 전형을 통과했고, 필기시험도 통과했어요. 물론 실무에 대한 경험이 없어서 실무 면접에서는 떨어졌습니다.

이러한 과정을 통해 제 글쓰기가 어느 정도 무르익었다고 생각이 들자 다시 책을 쓰게 되었어요. 마침 운 좋게도 더 큰 출판사에서 출판 제안을 해주셨고, 출판을 하게 되었습니다. 출판 당시에는 친구나 가족 외에는 제 책을 잘 보지 않았지만, 제가 여행 팟캐스트 <탁 PD의 여행 수다>를 진행하게 되면서 청취자들도 읽어 주시기 시작했습니다. 지금은 제가 쓴 책을 통해 강연도 하고 있어요.

부모님의 반대는 없었나요?

사실 부모님께선 많이 답답해 하셨어요. 세계 여행까지는 그렇다 치는데, 이제는 취업을 해서 회사에 다니며 정상적인 생활 궤도에서 살아야 하지 않겠느냐고 말씀하셨어요. 저 또한 벌이도 없고, 책을 막 냈을 당시엔 잘 팔리지도 않아 너무 힘들었어요. 사실 김중만 선생님 밑에 들어가는 것이 취직과는 너무 간극이 크잖아요. 어른들이 보실 땐 굉장히 걱정되는 상황이었죠. 제가 김중만 선생님 밑에 들어간 지 2년쯤 됐을 때, 선생님의 전시회가 크게 열렸고 선생님이 저희 부모님을 전시에 초대하셨어요. 그리고 선생님께선 생각지도 않게 부모님께 저를 칭찬해 주셨죠. 그날 밤, 어머니가 제게 "명진아, 선생님 괜찮은 분이신 것 같다. 선생님 밑에서 열심히 해봐라."라고 하셨어요. "엄마는 사진에 대해선 아무것도 모르고 관심도 없다. 하지만 자식이 가는 길에 따라 부모가 배우는 게 있고, 해라 마라 말하기엔 서로의 경험이 너무 다르다. 덕분에 세상을 보는 새로운 창하나가 더 열린 느낌이다. 그게 나쁜 길이 아니라면 괜찮다."라고 말씀해 주셔서 감동했어요.

그게 저를 믿어 주시기 시작한 전환점이었고, 또 다른 계기는 2016년 EBS <세계테마기행> 모로코 편 방송 출연이었어요. EBS <세계테마기행>은 연령대가 높은 분들에게 인기가 많아서인지, 저의 방송 출연 후 저희 어머니는 동네 스타가 되셨죠. 어머니는 "네가 열심히 하니까 잘 되는 거 같다"라고 말씀하시며, 그 당시에 제가 그렇게 인지도가 있는 편이 아니었지만 몇몇의 전환점을 통해 점차 저를 믿어 주셨어요. 저는 부모님께 무작정 나를 믿어 달라고 말하는 것보다, 자신의 일을 하면서 어느 정도의 결과물을 보여드리는 게 좋다고 생각해요. 그래야 스스로도 떳떳해질 수 있으니까요.

사진작가의 좋은 점과 힘든 점에 대해 알려주세요.

우선 가장 큰 장점은 정말 다양한 분야의 다양한 사람, 장소를 만날 수 있단 점이에요. 그 장소를 찍기 위해서는 그 장소에 가야 하기 때문에, 그 장소 주변의 사람들의 모습과 삶도 볼 수 있죠.

패션 업체에서 요청이 들어와 촬영을 하러 이탈리아에 간 적이 있어요. 옷 원단을 공급하는 곳에 갔는데, 원단의 특성을 잘 살리기 위해서 현지 장인들의 철학과 원단에 대한 설명을 자세히 들어야 했죠.

또, 한번은 제주도청, 행정안전부와 '오버 투어리즘'에 대한 문제를 다룬 프로젝트를 진행했어요. 제주도의 마을 사람들은 그대로인데, 외지인들이 돈을 벌어가고 관광객들로 인해 마을 주민들이 불편함을 겪는 등의 문제점을 해결하기 위해 제주도청, 행정안전부에서 여행객들을 분산시키기 위한 방법을 모색한 거죠. 그때 저는 교통 문제를 해소하기 위한 '느린 여행을 기획하자', '마을 여행, 버스 여행을 위한 안내서를 만들자'라는 대책에 맞춰 잘 알려지지 않은 명소를 찍고 소개하기 위해 하루에 제주도를 한 바퀴씩 돌았어요. 제주도 사람들의 내밀한 이야기도 들으면서 여행만으로는 알 수 없는 것들도 알게 되었고요.

이런 경험은 저에게 큰 도움을 줘요. 이후에 한 국내 아웃도어 회사와 작업을 하게 되었는데, 원래 촬영 장소는 강원도였고, 1~2월에 촬영을 하고 3월에 제품을 발매할 계획이었어요. 그런데 강원도의 1~2월은 한겨울인데, 발매 시기가 봄이면 사진과 제품이 서로 잘 맞지 않을 것 같았죠. 마침 제주도가 떠올라, 제주도에서 여러 장소를 돌아다닌 경험을 바탕으로 구체적인 장소까지 추천한 적이 있어요.

언젠가는 래시 가드 촬영이 있어서 발리에 갔어요. 패션모델이 서핑을 하는 과정을 촬영하는 작업이었는데, 서핑을 해 보고 싶어서 담당자 분께 말씀드린 후 7일 동안 서핑을 배우고 왔어요. 이렇게 사진작가는 어디서나 일할 수 있고, 다음 일정이 없으면 자유롭게 여러 경험을 할 수 있다는 프리랜서로서의 장점이 있어요. 그리고 이 세상 어느 곳에서라도 작업을 할 수 있는 것도 좋은 점이죠.

힘든 점이라면 날씨에 영향을 많이 받는다는 점, 그리고 결과물이 이미지, 창작물이다 보니 파일 자체가 넘어가 버리면 끝이라는 점을 말할 수 있어요. 중간에 같이 작업하는 기업과 관계가 틀어지면 사진을 돌려받을 수도 없죠. 또, 사진은 창작물로 인정을 받지 못하는 경향이 있어요. "카메라 좋으면 다 되는 거 아냐?", "뭐, 사진 찍는데 왜 이렇게 오래 걸려?"라고 말하는 분들도 있거든요. 어른들이 약간 부정적인 시선으로 보신다는 점도 말할 수 있겠네요.

 **사진작가라는 직업이 자신의 성향이나 성격에 영향을 주나요?**

저는 우선 낙천적인 성격이 도움이 많이 되었어요. 수입이 없을 때는 친구들을 만나면 위축될 수도 있는데, 제가 오히려 당당하고 낙천적으로 나오니까 친구들도 편하고 저도 편했죠. 또 일을 하다 갑자기 일방적으로 상대방 쪽에서 일정을 취소하는 경우도 종종 있어요. 그럴 때 저는 분노하거나 부정적으로 생각하기보다는 일하다 보면 그럴 수 있지 하고 넘기는 편이에요. 만약 낙천적인 성격이 아니었더라면 상처를 굉장히 많이 받을 수도 있었을 것 같아요.

또, 촬영을 할 때는 원하는 장면을 찍기 위해서 오랫동안 기다려야 해요. 화보 한 장을 찍을 때도 원하는 사진을 얻기 위해 밤을 새워야 할 때도 있고요. 여러 면에서 느긋해야 하고 낙천적이어야 하는 일입니다.

사람을 편하게 대하는 성격도 일할 때 도움이 됐어요. 사진을 찍기 위해서는 사람들과 만나서 이야기도 많이 해야 하거든요.

Question **현재 직업에 대한 주변의 반응은 어떤가요?**

전시를 하면서 주변 반응이 굉장히 좋아졌어요. 이전에는 수입도 별로 없어서 주변 사람들이 안타까워했죠. 하지만 전시로 인해 협찬도 들어오고, 수입도 예전에 비하면 많이 좋아졌어요. 마음의 여유와 경제적 여유가 생겨서인지 작품에 대한 생각의 폭도 훨씬 넓어졌습니다. 또, 제가 작업을 하기 위해 전 세계를 돌아다니니까 제가 누리는 자유로움을 부러워하는 친구들도 많아요.

Question **일을 할 때, 중요하게 생각하는 원칙은 무엇인가요?**

인간적인 면이 중요해요. 우리나라도 그렇지만 해외에서는 사진을 찍어도 되는지 물어보지 않고 사진을 찍으면 굉장한 실례예요. 그런데 이탈리아는 패션 브랜드가 많고 전시회도 많아서 그런지 유독 사진 찍는 것에 대해 관대한 편이죠. 하지만 사진을 찍는 것에 관대하더라도, 찍는 사람과 찍히는 사람 사이의 교감이 없으면 좋은 사진이 안 나와요. 사람과 사람 사이의 교감은 굉장히 중요합니다.

그래서 인간적인 면이 중요한데, 저의 경우는 우선 사진 촬영에 대한 허락을 받은 후 그 사람과 여러 대화를 나눈 후, 그가 저를 의식하지 않을 때쯤 찍어요. 그러면 좋은 사진이 나오죠. 사람뿐 아니라 건물을 찍을 때도 저는 바로 찍지 않고 한 시간 정도 구경을 해요. 건물을 천천히 구경하며 건축가의 마음을 충분히 헤아려 본 후, 건축가의 마음으로 사진을 찍는 것이죠.

사진의 매력은 무엇이라고 생각하시나요?

사진이라는 게, 정말 할 일이 많지만 일단 찍으려면 직접 찍으러 가야 해요. 장소를 찍기 위해 그곳에 가고, 혹은 인물을 찍기 위해 그 사람을 만나야 하죠. 그렇지 않으면 방법이 없습니다. 아무리 인터넷이 발달해도 그것을 찍으러 그곳에 직접 가지 않으면 내 작품은 없는 거예요. 그런 점에서 사진은 현장성이 중요시되는 예술입니다. 저는 경험을 굉장히 중시하고, 경험으로부터 많이 배우는 경험주의자인데 그런 점에서 사진은 참 좋은 매개체이죠.

반대로 사진을 보는 감상자 입장에서 생각해 보자면, 그 장소에 가지 않았는데도 그 장소와 특유의 분위기를 간접적으로 느낄 수 있어요. 사진은 단 한 장면으로 그곳에 대한 이미지를 만들어내고, 영상과는 다르게 상상의 여지를 더 많이 준다 생각해요. 누군가는 '사진을 누가 봐? 이젠 영상의 시대야'라고도 말하겠죠. 그렇다면 문학의 시라는 장르와 소설이라는 장르는 같은 장르일까요? 영화와 광고는 같은 영상물이니까 같은 장르인가요? 누군가는 취향에 따라 사진을 좋아할 수도 있는 거예요. 사진과 영상은 다른 장르라고 생각합니다. 영상이 소설이면 사진은 시와 같다고 생각해요. 오히려 요즘은 온라인이 발달해서 감상자의 입장에서는 더 매력적이죠. 예전에는 전시회에 가야 사진을 볼 수 있었지만, 요즘엔 클릭 몇 번만으로도 많은 작가들의 사진을 볼 수 있잖아요.

▶ 유니세프 블루라이트 프로젝트 촬영으로 찾은 카메룬에서

인생이란 12첩 반상 이다

▶ 꿈이란 나를 살아가게 하는 추진력!

▶ 나의 길을 찾게 해준 것은 호기심과 열정

현재 가장 많은 배움을 얻는 곳은 어디인가요?

같이 일하시는 분들에게 많은 배움을 얻어요. 특히 김인철 교수님께 많이 배우고 있어요. 김인철 교수님은 한국을 대표하는 건축가이시죠. 바로 신논현역 사거리에 있는, 일명 '빵빵이 빌딩'으로 알려진 빌딩, 어반하이브를 건축하신 분이에요. 교수님은 굉장히 유명하고 대단하신 분인데도 일을 할 때 수직적이 아니라 수평적이세요. 제가 또 건축을 잘 모르니까 마치 과외를 하듯이 자상하고 자세하게 알려주시죠. 뿐만 아니라 인생의 철학에 대해서도 많은 조언을 해 주십니다.

포스코 타워 촬영 시 알게 된 상무님께도 배움을 얻고 있어요. 일에 대한 소개뿐 아니라 제가 배우지 못한 비즈니스나 사업 분야에 대해서 많은 조언을 해주시는 분이죠. 인생에 대한 조언도 많이 해주시고요. 아무래도 일을 다양하게 하다 보니 좋은 분들도 많이 알게 되어서 도움을 많이 받고 있습니다.

마지막으로 배움을 얻는 곳은 책이에요. 《이븐바투타 모험기》라는 책을 읽고 아랍 문화에 대한 새로운 시선과 관점을 알게 되었고, 작업에도 많은 도움이 되었어요. 이탈리아 역사는 움베르토 에코나 시오노 나나미의 저서를 읽으며 공부했고요. 저는 해외 촬영이 있을 때면 항상 그 나라의 문화에 대한 책을 읽고 촬영을 하러 갑니다.

예비 사진작가들이 꼭 기억했으면 하는 것이 있나요?

어차피 세상은 다 주지 않으니까, 하고 싶은 것을 했으면 좋겠어요. 다 가질 수는 없어요. 그러니까 기왕이면 내가 먹고 싶은 것을 먹어도 괜찮다고 말하고 싶어요. 저는 인생이란 코스 요리가 아니라 12첩 반상이라고 생각해요. 정해진 순서대로, 이걸 먹었으니까 그 다음엔 저걸 먹고, 맨 마지막엔 디저트를 먹는 게 바로 코스 요리잖아요. 그런데 인생은 절대 그렇지 않다는 거예요. 여러 개의 반찬이 차려져 있고, 어쨌든 나는 그 중에서 선택을 해서 먹어야 하는 거죠. 다 먹을 수는 없어요. 그래서 저는 내 삶의 반찬을 선택하는 것이 가장 중요하다고 생각합니다.

사진작가로서 바람이 있다면요?

제가 다른 사람보다 엄청 뛰어난 건 아니에요. 세상에 저보다 사진을 잘 찍는 사람은 많아요. 저는 늘 사진의 길을 갈 건데, 특히 '함께 사진을 하고 싶은 사람', '사진작업 하면 생각나는 사람'이 되고 싶어요. 어떤 분야든 실력이 뛰어난 사람은 많습니다. 그런데 같이 일하고 싶은 사람이 되는 것과 일을 잘하는 것은 달라요. 사진을 갈고 닦는 것도 중요하지만, 무엇보다도 이 사람과 같이 일하면 좋겠다는 생각이 드는 사람이 되고 싶어요.

훌륭한 사진작가란 무엇일까요?

어떤 사진을 봤을 때, '아, 이건 누구 작품이다' 하고 바로 알아볼 수 있는 작가요. 미술작품은 바로 알잖아요. '이건 피카소 그림', '이건 고흐 그림' 하면서요. 사진도 드물긴 하지만 그런 작가들이 있어요. 사진은 기계가 하는 것이기 때문에 원본은 뻔할 수 있지만, 원본에 사진작가 자신만의 리터치와 철학을 담을 때 자신만의 작품이 나와요. 자신만의 구도를 평생 갈고 닦는 것이 훌륭한 사진작가가 되기 위한 숙제라고 생각합니다.

Question 꿈이 중요하다고 생각하시나요?

꿈을 가졌을 때와 꿈이 없을 때의 추진력은 달라요. 저는 사진작가라는 꿈을 찾기까지 오래 걸렸지만 중간중간에 우왕좌왕하며 거쳐 간 다른 꿈들도 있었잖아요. 이런 꿈들은 그때마다 저를 살아가게 하는 추진력이었죠. 너무 막연한 꿈보다는 작은 목표라도 자신을 달리게 해줄 수 있는 것이 필요하다고 생각합니다. 또, 꿈을 가짐으로써 구체적인 목표도 생길 수 있고요.

자신을 알아보고 자신의 내면의 목소리를 들어보는 게 중요하다고 생각해요. 남들이 보기에 서장하거나 멋있어 보이지 않더라도, 자신이 관심 있는 것에 주의를 기울이면 좋겠고, 누군가에게 말하지 않더라도 자신만의 꿈을 가졌으면 좋겠어요.

Question 진로를 고민하는 학생에게 해주고 싶은 말이 있나요?

그림을 그리다 그만뒀을 때, 주변에서 '할 줄 아는 게 그것밖에 없는데 왜 그만두냐?'라는 말을 들었고 기계공학과를 나와서 여행을 하거나 사진을 찍을 때도 '멀쩡히 대학 나와서 왜 다른 길을 가냐, 전에 했던 것들은 다 버리고 이제 와서 뒤늦게 뭘 배우려 하냐?'라는 말을 들었어요. 하지만 저는 그것들을 버렸다고 생각하지 않아요. 그런 과정을 거쳐서 지금은 기계로 그림을 그리는 일을 하고 있지 않나요? 그래서 저는 저를 기계로 그림 그리는 사람이라고도 표현하고 싶어요. 내가 뭔가를 할 때, 한번 열심히 해 놓으면 그것이 반드시 내 삶에 긍정적인 요소로 돌아옵니다. 한번 할 때 적당히 하지 말고, 관심이나 애정이 있는 일을 그때그때 열심히 해두면 반드시 어떤 형태로든 자신에게 돌아와요. 그래서 학생들이 학점이나 성적에 당장은 도움이 안 되더라도, 자신이 관심 있는 일이 있으면 한 번쯤은 몰아붙여 봤으면 좋겠어요.

Question

사진작가 전명진은 어떤 사람인가요?

느린데도 불구하고 호기심이 많은 사람인 것 같아요. 저는 항상 조금씩 느려요. 평상시 행동도 느리고, 밥 먹는 것도 느리고, 사회에 나오는 것도 느렸고, 어릴 때 키 크는 것도 느렸거든요. 그럼에도 저의 호기심과 열정은 나름의 방향을 찾아갔어요. 모두 각자가 자신만의 방식으로 목표를 향해 가는 거죠. 지금은 더 나아가 꼭 주어진 틀에서만 승부를 볼 필요는 없다고 생각합니다.

Question

사진작가를 한마디로 표현하자면요?

자신의 눈이라는 가위로 세상을 잘라서 전달하는 사람.

'현재란 닿을 수 없는 미래와 돌이킬 수 없는 과거 사이의 아주 짧은 허공'이라는 찰나의 깨달음은 그녀를 고층 빌딩의 고공 사진에 몰두하게 했다. 자신의 생각을 시각적으로 표현하고, 그것을 타인과 나누는 일을 하고 있으니 인생의 목표를 이룬 셈이라고 말하는 작가는 타인의 삶을 존중하고 세상에 대한 호기심을 잃지 않는 사람으로 살아가길 소망한다.

사진작가
안준

전시
- 스위스 취리히 Christophe Guye Galerie
  유럽/영국 지역 전속 작가
- 미국 뉴욕 Mizuma & Kips Gallery 소속 작가
- 함부르크 포토 트리엔날레, 프랑크푸르트 Shrine Kunsthalle,
  뉴욕 Aperture Gallery 외 60어 회의 국내외 그룹전 참가

출판
- 2018 사진집 Self-Portrait (일본 Akaaka Art Publishing)
- 2018 사진집 One Life (일본 Case Publishing)

기타
- 성신여자대학교 대학원, 추계예술대학교, 홍익대학교 출강
- MBC [문화사색] 아트 다큐 Who are You, 네이버 [헬로! 아티스트],
  SkyTV [밀리언달러 피카소], 프랑스 ARTE TV [한국, 기적의 나라] 출연

- 홍익대학교 사진학 박사
- 뉴욕 파슨스 디자인 스쿨 석사
- 서던 캘리포니아 대학교 (USC) 미술사 학사

사진작가의 스케줄

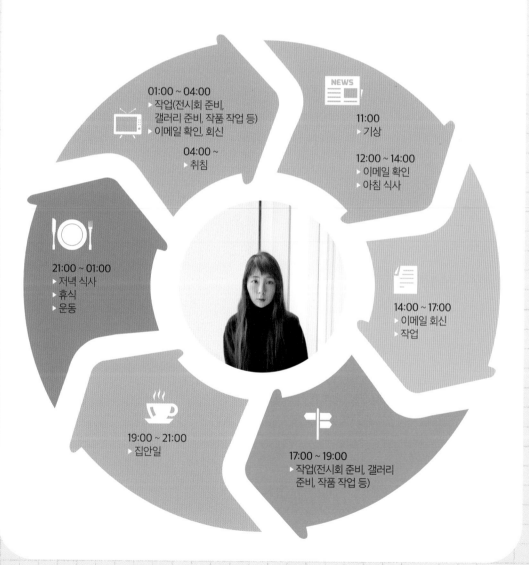

안준
사진작가의
하루

01:00 ~ 04:00
▶ 작업(전시회 준비,
갤러리 준비, 작품 작업 등)
▶ 이메일 확인, 회신

04:00 ~
▶ 취침

NEWS

11:00
▶ 기상

12:00 ~ 14:00
▶ 이메일 확인
▶ 아침 식사

14:00 ~ 17:00
▶ 이메일 회신
▶ 작업

21:00 ~ 01:00
▶ 저녁 식사
▶ 휴식
▶ 운동

19:00 ~ 21:00
▶ 집안일

17:00 ~ 19:00
▶ 작업(전시회 준비, 갤러리
준비, 작품 작업 등)

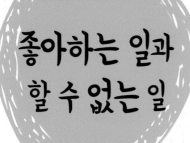

좋아하는 일과
할 수 없는 일

▶ 대학 시절의 나

▶ 대학교 4학년에 시작한 사진

▶ 사진은 다양한 경험을 거쳐 선택한 미술 장르입니다.

학창 시절은 어떻게 보내셨나요?

저는 대학에서 미술사를 전공했습니다. 사진작가가 되기 전, 정확히 말해 사진작가로서 전속 갤러리가 정해지기 전에는 파트타임으로 미술 관련 책을 번역하는 일을 했고요. 사실 대학에 진학할 때 미술사를 선택한 것은, 무언가를 발표하고 평가받는 직업을 갖기에 제 성격은 소심하다고 생각했기 때문이에요. 대학 진학 전까지 저는 조용하고 책 읽는 것을 좋아하는 학생이었죠.

한편 락, 헤비메탈 음악을 좋아해 중학교 때는 학교 밴드에서 베이스를 치기도 했습니다(지금도 취미로 드럼을 배우고 있습니다). 밴드 멤버들과는 친하게 지냈지만 친구가 많은 편은 아니었어요.

Question **학창 시절에 다른 장래 희망이 있었나요?**

자신의 생각을 시각적으로 표현하고, 그것을 타인과 나누는 모든 일을 '사진작가' 내지는 '화가'가 하는 일이라고 생각한다면 저는 어릴 때 꿈을 이룬 셈입니다. 현재 작업을 하고 있고, 안정적으로 작품을 발표할 수 있는 전속 갤러리가 있어서 앞으로도 작업을 이어나갈 수 있으니까요.

하지만 학창 시절에는 장래 희망을 '화가'라고 쉽게 적을 수 없었어요. 그 이유는 첫째, 제가 발표 시간을 무서워했기 때문입니다. 미술 시간을 좋아했고, 어릴 때라도 좋아하는 과목에는 시간을 들이게 되니 남들보다 어느 정도 잘하기 마련인데요. 제 학창 시절에는 잘 그린 그림들을 교실 뒤 게시판에 붙여놓았는데, 왠지 모르게 저는 그게 그렇게 불안할 수가 없더라고요. 지나가며 제 그림을 보는 누군가가 나쁜 말을 할 것만 같은 느낌도 들었죠. 화가는 그림을 그려 발표하는 것이 일인데, 나는 그림을 그리는 것은 좋아하지만 발표하는 것이 두려우니 그렇다면 화가는 할 수 없겠다고 생각했습니다.

둘째, 직업에 대한 정보가 매우 적었기 때문입니다. 제가 학교를 다닐 시기에는 인터넷 검색으로 얻을 수 있는 정보도, 직업에 대한 정보를 얻을 수 있는 기회도 많지 않았어요. 중학교 무렵까지도 '화가' 하면 제가 떠올릴 수 있는 것은 TV에서 방영하던 애니메이션 <플란다스의 개> 정도였으니까요. 믿기 힘들겠지만 당시에는 예체능 입시 전문 학원을 다니지 않으면 예체능을 어떻게 전공하는지, 그리고 그것으로 무얼 할 수 있는지에 대한 정보가 전무하다고 말할 수 있을 정도로 적었습니다. '미술이 좋다'라고 생각하고 주변을 둘러보았을 때, 이미 주변의 미대에 갈 학생들은 입시 준비를 시작한 시점이었어요. 지금 생각해보면 그들과 나의 격차가 그렇게 크지는 않았을 텐데, 그땐 왠지 그 친구들을 따라갈 수 없을 것만 같았죠. 또한 저희 부모님께서 맞벌이를 하셨는데, 제가 미대에 가고 싶다고 한다면 부모님이 신경 쓰실 일이 더 많아질 것 같았습니다. 어떻게 보면 준비도 해보기 전에 포기한 셈이죠. 제가 이 인터뷰에 응하게 된 이유도, 그때 제가 더 많은 정보를 접했더라면 저의 진로를 정하기까지 고민이 좀 더 적었으리라는 생각이 들어서입니다.

Question **대학 진학 시, 전공은 어떻게 선택했나요?**

내가 가장 좋아하는 것을 중요시했습니다. 그리고 내가 할 수 없는 일들을 제외해 나갔습니다. 저의 경우, 화가가 되고 싶지만 발표하는 것에 대한 두려움이 있어 미대 입시 준비를 하지 않았어요. 하지만 예술 분야의 전공을 가져야겠다는 생각을 가지고 관련 학과를 조사했어요. 당시 한국에 있는 미술 관련 학과 중 실기를 하지 않는 학과는 고고미술사학과, 미학과 등이었는데요. 마침 그 무렵, 여러 가지 책을 읽다보니 현대 미술 이론에 관심이 생겼습니다. 또한 제가 발굴과 복원에 대해 배우게 되는 고고학이나 혹은 미학 이론보다는, 미술 자체를 좋아한다는 것도 학과 조사를 하며 알게 되었죠. 특히 제가 좋아하는 화가들을 보니, *살바도르 달리(Salvador Dali, 1904~1989, 스페인의 화가, 초현실주의 미술로 20세기 미술에 큰 영향을 미쳤다.), *잭슨 폴록(Jackson Pollock, 1912~1956, 미국의 화가, 추상 표현주의 미술의 선구자) 등 제2차 세계 대전 이후 미국을 중심으로 활동하던 작가들이더라고요. 그래서 택한 것이 미국에서 미술사를 전공하는 것이었어요. 미국에서 현대 미술의 흐름이나 특정 주제에 대해 공부하고 싶었죠. 또한 영어권에서 미술사를 전공하면 관련 분야 통·번역이 연구, 집필 등, 집단에 소속되지 않고 혼자 하는 직업을 선택할 수 있을 것 같았습니다. 단체보다는 혼자서 움직이는 것을 좋아하는 편이라 이 또한 학과를 선택하는 데 중요한 요소 중 하나였어요.

Question 대학 생활은 어땠나요?

조기 유학을 하지 않고 한국에서 입시를 준비한 후 외국 대학에 진학한 유학생들은 학부에서 인문학 전공을 잘 택하지 않아요. 입학 당시, 저는 그 사실을 몰랐지만요. 영문학, 철학, 미술사, 역사학, 심리학 등의 인문학은, 영어가 모국어가 아닌 사람에게는 읽고 쓰고 발표하는 과제가 다른 분야에 비해 월등히 많고 어렵게 느껴지기 때문이죠. 제가 다녔던 서던 캘리포니아 대학교(USC)는 미국 대학들 중 동양인 유학생의 비율이 가장 높은 학교 중 하나이지만, 미술사학과 학부생(대학원 석·박사 과정이 아닌 대학교 학사 과정을 밟는 대학생) 중에는 영어가 모국어가 아닌 사람이 저밖에 없었습니다. 제가 4학년이 되어서야 열 살 무렵에 이민 온 중국계 미국인 학생이 한 명 들어왔을 정도죠.

글을 읽는 속도가 다른 학생들보다 아무래도 느렸기 때문에 다른 소소한 취미를 찾을 시간이 없을 정도로 과제를 하는 데 많은 시간을 들였습니다. 저는 정말 열심히 하는 편이었지만 미국 대학 역시 학부

는 상당 부분 상대 평가를 시행하기 때문에, 인문학 서적을 바탕으로 한 서술형 시험과 토론이 중심이 되는 수업에서 제가 '다른 학생들보다 잘해서' 좋은 학점을 받기는 쉽지 않았어요. 그럼에도 제가 좋아하던 분야를 공부하는 것이었기 때문에 재미있었어요. 그리고 인문학 분야를 전공하는 유학생이 적다는 것은, 관련 전공 용어를 숙지함과 동시에 한국어를 매끄럽게 구사할 수 있는 인력이 부족하다는 말도 되거든요. 그래서 통·번역 아르바이트를 구하는 것도 상대적으로 쉬웠어요. 처음 미술 관련 번역을 시작한 것이 대학생 때였고 지금까지 여섯 권의 번역서를 출간했습니다.

Question 대학생 시절, 진로에 도움이 될 만한 활동을 한 것이 있었나요?

대학 여름방학 때 했던 인턴 과정이 기억에 남습니다. 상하이 비엔날레가 열리는 상하이 현대미술관 교육부에서 인턴 생활을 했어요. 그때 저는 주로 통역, 번역 일을 했는데요. 하나의 큰 전시가 이루어지는 과정을 지켜보며 나도 내 작업을 해보고 싶다는 생각이 들었습니다.

Question 사진작가가 되기로 결심하게 된 계기는 무엇인가요?

실기, 그러니까 시각 예술을 하고 싶다고 생각한 것은 대학교 3학년 무렵이었습니다. 당시에도 발표에 대한 두려움은 있었지만 그래도 학교에서 한번 배워보고 싶었어요. 하지만 회화, 조소, 판화, 설치 등 다양한 미술 장르들 중 나에게 맞는 것이 무엇인지 잘 알 수 없었습니다. 그래서 마음대로 타과 수업을 들을 수 있는 교양 수업이나 청강을 통해 회화, 드로잉, 조소, 판화 등 다양한 미술 장르의 기초 과목을 수강했어요. 사진기초 수업을 들은 것은 마지막 학기인 4학년 2학기였고, 이후 사진으로 포트폴리오를 준비해 대학원에 진학했습니다.

Question 부모님께선 작가님이 어떤 직업을 갖기를 원하셨나요?

이 인터뷰가 결정된 후, 질문지를 받고 나서도 도무지 기억이 나지 않아 부모님께 여쭈어보았을 정도로 저에게 무엇이 되어야 한다는 기대나 강요를 하지 않으셨습니다. 부모님께서 말씀하시길, 제가 어렸을 때 말을 빨리 배웠다고 해요. 실제 학창 시절에도 수학보다 국어를 월등히 잘하는 편이었습니다. 부모님께서는 아이가 말이 빠르고 가르쳐주지 않았는데도 논리적으로 말을 잘하니, 나중에 커서 변호사나 사회운동가가 되어 어려운 사람들을 도와주었으면 좋겠다고 막연히 생각하셨다고 해요. 부모님의 생각과 같은 직업을 갖게 된 건 아니지만, 저는 제 작품을 통해 위안이나 영감을 받았다는 피드백을 받을 때 가장 행복합니다.

Question 진로를 선택할 때, 기준은 무엇이었나요?

저는 전공을 비교적 늦게 선택했기 때문에, 그 전공으로 졸업했을 때 제가 택할 수 있는 직업의 장단점을 먼저 살펴보았습니다. 어떠한 단점이 있음에도 불구하고, 내가 직업을 계속 좋아하며 버틸 수 있을지도 스스로에게 많이 질문했고요.

Question 진로를 선택할 때, 작가님께 영향을 준

멘토가 있었나요?

Shannon Ebner 교수님이요. 제가 처음 들었던 사진기초 수업을 담당하셨던 분입니다. 교수님은 텍스트와 이미지에 관한 작업을 하시는 작가이기도 한데요. 일단 수업이 굉장히 재미있었습니다. 또한, 예술로서의 사진이 무엇인가에 대한 생각을 할 수 있게 해주신 분이기도 해요.

Question 작가님이 생각하신 사진의 매력은 무엇인가요?

앞서 이야기했던 것처럼 저는 사진에 입문하기 전, 나에게 맞는 장르가 무엇인지 충분히 고민해 볼 수 있었습니다. 제가 느꼈던 사진만의 매력은, 기계를 통해 세상을 기록하기 때문에 많은 사람들이 사진이 기록하는 것을 진실이라고 생각한다는 점입니다. 사진을 보면 적어도 왜곡되지 않은 사실이라고 생각하기 쉽죠. 유난히 못생기게 나온 증명사진이나 졸업사진을 보며 "사진은 거짓말을 하지 않는다."라고 친구와 농담하는 것처럼 말이죠. 물론 포토샵 같은 프로그램을 통한 수정을 하기 전의 사진을 말합니다.

그러나 수정을 하지 않은 이미지라고 해도, 사진이라는 매체를 잠시라도 진지하게 생각해 본다면 꼭 그렇지는 않다는 걸 알게 돼요. 사진은 3차원의 입체적 공간이 2차원으로 재현되는 것이고, 어떤 렌즈를 사용하여 어떤 속도로 촬영하느냐에 따라 우리가 보는 현실과 비슷하기도, 전혀 다르기도 해요. 여러 명이 줄지어 선 반 단체 사진에서 가장자리에 선 학생이 비슷한 체격의 가운데 선 학생보다 좌우로 넓어 보이는 것을 예로 들 수 있겠네요.

첫걸음부터
최선을 다하는
자세

▶ 독일에서 열린 전시회 중

▶ 촬영을 위해 고공 난간에 앉은 모습

▶ 사진작가에게는 작은 기회에도 최선을
다하는 자세가 필요해요.

사진작가가 되기까지의 과정을 이야기해 주세요.

처음엔 그저 사진을 공부하는 것이 좋았고, 전시는 멀고 어려운 일 같았어요. 그냥 좋아하는 사진을 전공으로 삼고 대학원에서 공부한 것으로 만족하고, 대학원 졸업 후에는 미술사를 공부한 학부 경력과 책 번역 경력, 대학원에서 사진을 공부한 경력을 바탕으로 취직을 해야겠다고 생각하고 있었습니다.

하지만 대학원에서 사진을 공부하며 공모전에 출품했고, 그 공모전에 입선하여 UN 독일 영사관에서 주최하는 전시에 작품을 선보일 수 있었습니다. 그렇게 첫 전시를 하게 되었는데, 운이 좋게도 첫 전시 때 작품이 판매가 되었고 두 번째 전시도 제안받았습니다. 처음으로 타인으로부터 '작가'로 불리게 되자 앞으로도 계속 이 일을 하며 살고 싶다고 생각하게 되었죠.

두 번째 전시를 계기로 세 번째 전시 일정이 잡혔고, 그렇게 전시를 이어가다 2012년에 스위스 취리히에 있는 갤러리로부터 유럽 지역 전속 작가 제안을 받았습니다. 갤러리에 소속이 되면 조금 더 안정적인 활동을 할 수 있어요. 새 작업을 하면 일단 보여줄 곳이 있고, 이를 바탕으로 전시를 의논하고, 갤러리에서 홍보와 판매도 담당해주니까요.

사진작가가 되려면 어떤 준비를 해야 하나요?

아주 쉬운 예를 들자면, '어떻게 해야 연예인이 되나요?'라는 질문에 보통 기획사 오디션을 보기도 하지만 길거리 캐스팅이 되기도 하고, 다양한 방법으로 연예인이 될 수 있다고 대답하잖아요. 사진작가도 마찬가지로, 되는 방법이 굉장히 다양하기 때문에 어떻게 준비해야 한다고 단정적으로 말하기가 쉽지 않습니다.

저의 경우, 첫 전시가 결정되었을 때 최선을 다했습니다. 사진에 늦게 입문했기 때문에 프린트를 하며 색을 체크하는 방법, 액자 제작 방법과 옵션 등에 대해 아무것도 아는 것이 없었지만, 제가 할 수 있는 것들을 다 했어요. 전시 중 다음 전시를 제의받았고, 다음 전시를 준비하면서도 마찬가지로 많은 것을 조사하고 배
웠습니다. 그리고 두 번째 전시를 했을 때, 그 전시를 본 갤러리
디렉터님께 다음 전시를 제안받았죠. 그 후로는 별 시행착오
없이 제 사진을 직접 프린트 할 수 있게 되었을 만큼, 많은 것
을 단시간에 배웠습니다.

'사진작가'로서 어떻게 살아가야 하는지는 저 역시 젊기 때문에 아
직 잘 모르겠지만, 제가 할 수 있는 조언은 작은 기회가 생겼을 때 첫걸음부터 최선을 다
하는 것이 중요하다는 것입니다. 사실 이것이 쉬운 일은 아니에요. 많은 학생이나 신인
작가들이 지금의 전시는 작은 첫 기회이며, 다음에 더 좋은 기회가 있을 것이라고 생각
하기도 하죠. 그러나 그런 생각과는 반대로, 학생 때의 작업, 작가로서의 초기 작업은 정
말 중요하다는 것을 강조하고 싶어요. 그것은 작가로 성장하는 데도, 이후 공부를 더 하
고 싶다면 대학원을 진학하는 것에 있어서도 중요합니다.

Question ## 여러 사진 분야 중 예술 사진 분야를
선택하신 계기는 무엇인가요?

사실 '예술 사진'이라는 말은 모호합니다. 분야를 나누어 'OO 사진'이라고 말해볼 때,
'여행 사진,' '패션 사진,' '건축 사진,' '상업 사진' 등 많은 단어가 있지만, 서로의 경계는
불분명해요. 사진의 종류를 굳이 나누어 보자면, 누가 시키지 않아도 내가 촬영하고 싶
은 사진을 직접 계획하고 작업하는 것과 기업이나 매거진의 의뢰를 받아 정해진 주제를
정해진 시간 내에 표현해 내는 것으로 나눌 수 있습니다. 이 둘은 작업의 동기와 과정 모
두가 다른데요. 저의 경우 후자보다는 스스로 계획하고 촬영해 전시를 통해 판매하게 되
는, 흔히 말해 '예술 사진'의 영역에 있는 작가입니다.

앞서 전공을 선택할 때 어떻게 했냐는 질문에서, '내가 잘하는 것을 생각함과 동시에
할 수 없는 일을 제외해 나갔다'라고 했었죠. 저는 대학원을 다니며 상업 사진에 대해 접

하고, 상업 사진작가들이 어떠한 형태로 일하는지를 간접적으로 본 후 상업 사진은 고려하지 않게 되었습니다. 일단 상업 사진과 관련된 일을 하려면 내가 광고해야 할 브랜드의 특징이나 수요를 파악하고, 이를 본인의 스타일로 소화한 후, 정해진 시간 내에 결과물로 제시해야 하는데요. 저는 정해진 과제를 정해진 시간에 하는 것에 부담을 느끼기보다, 내 작업을 열심히 하는 것이 더 낫겠다고 생각했어요.

그렇게 제 작업을 진행해 전시를 하고, 언론에 보도되고, 출판을 하다 보니 제 작업을 바탕으로 한 컬래버레이션 제안을 받게 되더군요. 전시를 했던 제 작품 사진이 저작물 사용 허가를 통해 상업적으로 쓰이는 거죠. 이것이 제가 예술 사진과 상업 사진의 경계가 불분명하다고 한 이유입니다. 저는 이렇게 처음부터 상업적인 활용을 염두에 두고 촬영을 하는 것보다, 제 작업을 한 후 이것의 활용 가능성을 의논하는 것을 더 좋아하는 편입니다.

 사진작가가 되는 과정 중 가장 힘들었던 점은 무엇인가요?

학생 시절부터 사진을 전공하기로 결심하기까지의 과정이 가장 어려웠습니다. 그리고 이후에도 몇 가지의 질문을 스스로에게 끝없이 던졌죠. 첫째, 내가 작가로서, 정확히 말하자면 시각 예술가로 살아갈 수 있을 것인가. 둘째, 그렇다면 나에게 맞는 매체는 무엇일까. 셋째, 그것이 사진이라면 왜 사진인가. 마지막으로 내 작품에 담겨 있는 나만의 시선을 어떻게 말이나 글로 정리할 수 있을 것인가. 사실 마지막 물음에 대한 정리를 하고 싶어서 박사 과정에 진학하게 되었어요. 그 전까지는 미국에 있었지만, 박사 과정은 홍익대학교 대학원에서 사진학을 전공했습니다. 사진학은 박사 학위가 모든 학교에 있는 것은 아닌데, 홍익대학교의 경우 작업을 해서 일정 규모 이상의 개인전을 치르며 심사를 받고, 본인의 작업에 대한 책 한 권 정도 분량의 논문을 쓰는 과정을 거치게 됩니다.

작가님의 고공 사진에 대한 에피소드가 궁금합니다.

고층 난간에 앉은 사진은 제가 2008년에 시작해 2013년에 중단한 <Self-Portrait> 연작입니다. 이 연작을 시작한 곳은 대학원 재학 시절에 살았던 아파트 옥상이에요. 제 방은 32층 건물 중 24층이었고 서향이었는데요. 여름이면 에어컨을 돌려도 차가운 바람이 잘 안 느껴질 정도로 햇빛이 강합니다. 작업을 하다 꼭 오븐 속에 들어와 있는 느낌이 들 때면 찾던 곳이 옥상이었습니다. 사진을 막 시작한 무렵이라 당시는 모든 것이 재미있고 신기했는데, 그래서 한편으로는 이렇게 즐겁게 살다가 원치 않는 곳에 도달하는 것을 걱정했습니다. 어느 곳으로 가고 있는지를 모른 채 그저 즐겁게만 걷는 기분이었으니까요.

어느 날, 옥상에서 도시 풍경을 바라보고 있는데 마치 그 풍경이 미래인 것 같이 느껴졌습니다. 눈앞에 분명히 보이는데 그 실체에는 닿을 수 없으니까요. 반대로 내가 딛고 서 있는 옥상, 그리고 아파트 건물은 마치 과거와 같이 느껴졌습니다. 그곳은 내가 그 높은 곳에 서서 세상을 바라볼 수 있게 하는 토대이지만, 설령 그것이 뒤틀려 있다고 해도 내가 바꿀 수 없는 무언가라는 점에서요. 미래는 앞에 있지만 닿을 수 없고, 과거는 나를 있게 하지만 바꿀 수 없는 것이라면, 현재는 어디 있는 걸까? 하는 생각에 난간으로 다가가 그 경계를 바라보았습니다. 아래에서 바람이 훅 불어왔는데, 그 순간 허공을 본 것 같은 느낌이 들었어요. 그리고 '현재란 닿을 수 없는 미래와 돌이킬 수 없는 과거 사이의 아주 짧은 허공'이라는 생각이 들었습니다. 그날의 경험이 일종의 전환점이 된 거죠.

마침 사진은 시간을 다루는 매체이니, 작가로서 시간에 대한 정의를 내리고 싶다는 고민을 하던 중이었는데 비로소 어떤 답을 얻은 것 같았어요. 방으로 뛰어 내려가 카메라를 가지고 와 난간에 걸터앉아 내 발을 촬영했습니다. 그것을 시작으로 고층 빌딩 옥상

난간에 있는 제 몸을 촬영하게 되었습니다. 보이지 않는 경계를 마주하는 현대인의 모습을 사진에 담고 싶었어요. 작업을 진행하고 작품을 발표하다 보니 이 구도가 '뛰어내리기 직전'의 상태로 묘사되고 있지만, 사실 시작은 '현재', 즉 허공을 디디고 있는 내 발을 촬영한 사진이었습니다.

Question **현재 하시는 일에 대해** 설명해 주세요.

저는 학교를 다니던 도중 첫 전시를 시작하고, 그것이 잘 연결되어 다음 전시를 열고, 그것이 미디어를 통해 알려져 또 다른 전시 제안을 받아 비교적 순조롭게 전시를 이어가고 있는 편입니다. 전속 갤러리인 Christophe Guye Galerie에서 유럽 지역의 관리, 홍보 및 판매를 담당하고 있고요. 다른 지역에서 열리는 전시는 초대를 받으면 참여합니다.

액자를 주문하고, 전시를 준비하고 홍보하는 기간 이외에는 대부분 집에서 작업을 합니다. 주변에서 농담처럼 히키코모리(은둔형 외톨이)라고 말할 만큼 작업 기간에는 며칠 동안 현관 밖으로 출입 없이 집에만 있기도 합니다. 뉴욕에서 혼자 살 때는 며칠 간 계속 작업만 하다 어느 순간 냉장고에 먹을 것이 하나도 없어져서 밖에 나간 적도 많아요.

제 사진은 돌아다니며 주변을 관찰하는 것이 아닌, 계획을 철저히 세운 후 하루에 많은 사진을 촬영해야 하는 프로젝트가 대부분이기 때문에 촬영할 수 있는 날이 많지 않고요. 이후에 편집과 프린트에 많은 시간을 들입니다. 당연히 집에서 컴퓨터 앞에 앉아 있는 시간이 많습니다.

2018년에는 일본의 출판사 두 곳에서 사진집 출판을 제의받아서 일본에 여러 번 방문했습니다. 출판하게 된 계기는 서울에 있는 사진 플랫폼 '더 레퍼런스'에서 열린 포트폴리오 리뷰였는데요. 리뷰를 받는 자리에서 두 군데의 일본 출판사가 제게 출판을 제의했고, 두 권의 사진집을 동시에 출판하게 되었습니다. 사진 분야는 포트폴리오 리뷰의 기회가 다른 시각 예술 분야에 비해 많은 편이에요. 포트폴리오 리뷰는 자신의 사진을 전문가에게 보여주고 조언을 듣는 자리인데, 이 자리에서 전시나 출판을 제안받기도 하죠.

이처럼 작품 전시회가 책 출판으로 연결되거나, 독자들과 만날 수 있는 작은 행사 참여로 이어지기도 합니다. 그래서 책 출판 이후에는 일본을 오가며 연계 전시와 행사, 컬래버레이션 프로젝트에 참여하고 있어요. 최근에는 도쿄 시부야에 있는 한 백화점의 제의를 받아 컬래버레이션 프로젝트를 진행했는데요. 백화점 쇼윈도의 벽 전체를 제 사진을 크게 인화해 붙여 채우는 것이었습니다. 사진작가라는 직업에 대한 인터뷰이니만큼 이러한 일들이 어떻게 생활이나 작업에 도움이 되는지를 설명하자면, 컬래버레이션 프로젝트의 경우 일정 기간 동안 제 사진 중 특정 이미지들에 대한 사용을 허가하는 계약을 하고요. 이에 대한 저작권료를 받게 됩니다. 저작권료와는 별개로 많은 것이 검색이 가능한 시대이니 나의 작업 방향과 맞는 기업과 적절한 컬래버레이션 작업을 했다면 작가로서의 홍보에도 도움이 되지요. 실제로 다음 전시나 프로젝트로 연결되기도 해요. 따라서 무조건 사용 허가를 하기보다는 제안을 하는 기업과 자신의 사진이 전달하고자 하는 감각이 서로 맞는지를 고민하고 의논하는 것이 중요합니다.

Question 　**작가님의 평소 일과는 어떤가요?**

저는 주로 함께 일하는 갤러리나 전시회장 등이 유럽이나 미국에 소재하고 있어 상대 국가의 업무 시간에 깨어있어야 하기 때문에 늦게 취침하고 늦게 기상합니다. 야행성이어서 밤에 더 집중이 잘되는 편이기도 하고요. 사진작가는 촬영이 있을 때와 촬영이 없는 평상시, 그리고 전시를 준비할 때, 전시 홍보 기간의 스케줄이 전혀 다릅니다. 불규칙적이라는 단점이 있지만 저는 정해진 대로 따르는 것보다 제가 집중이 잘되는 시각에 작업하는 것을 선호하고, 불규칙적인 것에도 스트레스를 받지 않는 편이어서 만족하고 있어요.

 Question **사진작가라는 직업에 본인의 성격이 도움이 되거나, 어려운 점이 있나요?**

도움이 되는 점이라면, 저는 집에 있는 것을 좋아하고 한 가지 일에 집중을 잘하는 편입니다. 혼자 있어도 외로움을 타지 않는 편이라 유학 생활 적응 역시 쉬웠습니다. 외부 환경에 영향을 받지 않고 자신의 일에 집중할 수 있는 성격은 작업에 많은 도움이 됩니다. 반대로 어려운 점이라면, 제가 낯을 많이 가리다 보니 사람의 얼굴이나 이름을 잘 기억하지 못하는 편이에요. 전시를 하면 행사에서 마주치는 사람들이 많은데요. 예전에 보았던 상대방 얼굴을 기억하지 못하는 것은 결례가 될 수 있기 때문에 항상 주의하려고 노력합니다.

Question **사진작가라는 직업이 자신의 성향이나 성격에 영향을 주나요?**

저는 사진작가가 된 후 성격이 많이 바뀐 편입니다. 원래 저는 매우 내성적이고 낯선 사람들과 눈을 잘 마주치지 못하는 성격이었어요. 그러나 전시를 하기 시작하고 사람들과 인사를 많이 하며 조금 외향적으로 변한 것 같아요. 전시를 시작할 때 오프닝 파티를 하거든요. 오프닝 파티는 새로운 사람들을 가장 많이 만나게 되는 자리인데요. 저는 갤러리와 계약한 상태이고, 갤러리에서는 제 작품의 홍보를 하고 있기 때문에, 제 입장에서는 저와는 처음 대면하지만 매체나 갤러리를 통해 이미 제 작품을 접한 후 호감을 가진 분들이 주로 전시 오프닝에 방문하십니다. 그러다 보니 제가 하는 일을 존중하고 있는 분들과 만나고 인사를 하는 일이 많아졌고, 그것에 익숙해지다 보니 이제는 처음 보는 사람들과도 밝게 대화를 잘 하는 편이 되었어요.

Question 일이 없는 날은 어떻게 지내시나요?

이건 단점일 수도 있고 장점일 수도 있는데요. 저는 딱히 일과 휴식의 구분을 하지 않는 편이에요. 제가 생각하는 '일'이란 정해진 시간 내에 해야 하는 인터뷰, 전시를 위한 프린트, 액자 주문 등인데 그런 일을 하는 날이 아주 많지는 않습니다. 그래서 대체로 시간을 자유롭게 쓰는 편이고, 작업 과정도 즐겁다고 느끼기 때문에 대부분의 시간은 작업을 하며 보내요. 가족들 모두 여행을 좋아해서 함께 여행을 가기도 합니다. 저는 작업을 할 때 대부분 미리 계획을 한 후 촬영을 하지만, 여행지에서 촬영하고 싶은 장소를 우연히 만난다면 미리 세운 계획이 없더라도 가족들의 도움을 받아 촬영을 합니다. 사진작가라고 하면 사진을 촬영하는 것이 일이라고 생각하기 쉽겠지만, 저는 그것을 일이라고 생각하며 부담을 느끼지는 않아요. 아마도 제 촬영 작업 자체가 제가 좋아하는 일이고, 정해진 기간 내에 수행해야 하는 일이 아니기 때문인 것 같아요.

카메라만이 볼 수 있는 현상의 아름다움

고공 난간 촬영 모습

▶ 나 자신에게 끊임없이 질문해야
진정한 나를 찾을 수 있어요.

▶ 저는 미처 볼 수 없는 현상을 시각화하는 사람입니다.

사진작가로서 뿌듯했던 적은 언제인가요?

저는 그저 제가 좋아하는 일을 할 뿐인데, 전시된 제 작품을 보고 삶의 관점이 바뀌었다거나, 삶의 시련이 있을 때 본 제 전시가 다시 일어설 수 있는 용기를 주었다는 내용의 이메일이나 편지를 가끔 받아요. 그럴 때 예술의 힘은 굉장하다는 것을 느낍니다. 저에게 그런 이야기를 하신 분들 중에는 TV 다큐멘터리 감독님도 계셔서, 한국에 대한 프로그램을 만드실 때 제 인터뷰와 작업 과정을 촬영했고 그것이 유럽 지역에서 방영되기도 했어요. 그 감독님은 투병 중 제 사진을 보게 되었다고 하셨는데요. 파리에서 전시 중이던 제 사진을 보고, 눈앞의 일이 두렵더라도 직시하고 살아나가겠다고 생각하셨다고 합니다.

사진작가에 대한 편견이나 오해가 있다면요?

사진작가는 화려한 직업이라는 것이 대표적인 오해입니다. 저와 함께 일하는 갤러리 관장님도 농담처럼 말씀하시는 것이, "많은 사람들이 작가나 *갤러리스트(갤러리를 운영하거나 갤러리에서 미술 관련 업무에 종사하는 사람)를 떠올릴 때 전시회 오프닝 파티에서 멋진 옷을 입고 유명인사들과 함께 어울리며 손에는 샴페인 잔을 들고 있는 모습을 생각하곤 하는데, 그런 모습인 날을 위해 준비하고 계획하고 감내해야 하는 일들이 정말 많다."는 것입니다.

사진작가 역시 비슷합니다. 신문이나 TV 같은 매체에는 결과를 발표하는 잠깐의 자리가 노출될 뿐, 그것은 수많은 시간을 준비한 잠깐의 결과일 뿐입니다. 이 사실은 어떤 직업이나 같겠지만 작가의 경우 작업의 결과로 '남 보기에 화려한 행사'를 치러야 합니다. 그것은 항상 파티를 하며 사는 것과는 다른데, 미디어에 보도되는 것들만 보면 그런 오해를 받기 쉽죠.

Question 앞으로 이루고 싶은 목표가 있나요?

지금 저는 어렸을 때의 꿈을 이루었다고 생각합니다. 어렸을 때 막연히 상상하던 어른이 된 저의 모습보다도 저는 더 나은 사람이 되어있습니다. 그렇게 생각하니 달리 더 이루고 싶은 목표는 없어졌고, 지금은 그저 좋은 작업을 하고 싶어요. 앞으로는 나이가 들어서도 타인의 삶을 대하는 존중의 자세와 세상에 대한 호기심을 잃지 않는 사람이고 싶습니다.

Question 사진작가들이 꼭 기억했으면 하는 것이 있나요?

처음에 가지고 있었던 꿈과 세상에 대한 희망을 잃지 않는 것. 이것은 오래 작업을 지속하는 데 정말 필요한 것입니다. 또한 어떤 직업을 가지든지 내가 있는 자리에서 최선을 다하며 한걸음씩 앞으로 나아가는 것이 중요하다고 생각합니다.

Question 사진작가 안준은 어떤 사람인가요?

은둔형 외톨이. 제 프로젝트에서 촬영하는 대상은 각기 다르지만, 이들의 공통점은 모두 우리가 인지할 수 있는 속도보다 빠른 현상을 촬영한 고속 사진이라는 것입니다. 우리가 볼 수 없는, 카메라만이 볼 수 있는 현상의 아름다움을 탐구하는 것이죠. 저는 제 자신을, 볼 수 없는 것들을 시각화하기 위해 우리가 느끼고 볼 수 있는 많은 세상의 모습들과 단절되어 살고 있는 은둔형 외톨이라고 생각합니다.

뻔한 이야기지만, 무엇을 할 때 정말 즐거운지 스스로에게 묻는 것이 중요합니다. 그러나 우리나라에서는 학생 때 공부 스트레스를 많이 받기 때문에, 공부하는 시간 외의 쉬는 시간 자체가 즐거운 경우가 많아요. 쉬는 시간에 간식을 먹는 것, 시험 끝나고 맛집을 찾아가는 것이 즐겁다고 해서 쉽게 요리사나 요리 평론가를 꿈꾸거나, 여가 시간에 사진을 찍고 소셜 미디어에 업로드 하는 것이 즐겁다고 해서 사진작가가 되어야지 하고 생각하는 것은 제 관점에서 볼 때 위험합니다. 위험하다는 것은 미래의 어느 날 '이것이 정말 내가 택한 삶인가?' 하고 후회할 수도 있다는 뜻이에요.

정말 그것이 좋은지, 온 시간을 바쳐 몰입해도 좋은 것인지, 그리고 내가 이것을 할 수 있는 재능이 있는지, 재능이 부족하다면 노력으로 그것을 뛰어넘을 수 있는지, 나보다 재능이 있거나 더 나은 조건에 있는 사람들보다 처음에는 인정을 덜 받더라도 쉽게 좌절하지 않고 하고자 하는 것을 지속할 용기와 의지가 있는지를 스스로에게 충분히 질문해야 합니다.

미디어에서는 흔히 '스스로를 믿어라'라고 말하지만 저는 반대라고 생각해요. 어떤 것이 단순히 좋다고 해서 그것이 전부라고 생각하는 것은 위험하거든요. 물론 사람마다 다르겠지만 저는 좋아하는 마음을 가진 채, 정말 이것인지 스스로에게 끊임없이 의심하고 질문했기 때문에, 그럼에도 불구하고 이것을 택했기 때문에 현재에 만족하며 어렸을 때의 꿈을 이루었다고 생각할 수 있는 것인지도 모르겠습니다.

중앙대 사진학과를 졸업하고 영어강사로 활동하다가 다시 시작한 사진의 길은 돈과 명예를 위한 것이 아니라 사진을 찍는다는 기쁨, 그 자체였다. 삶의 과정에 더 많은 의미를 부여하며 살아가는 작가는 세계를 여행하며 보고 느낀 점을 책으로 엮기도 했다. 그는 밝고 따뜻한 메시지로 세상에 선한 영향력을 끼치는 사진 찍기를 계속할 계획이다.

사진작가
오재철

주요 활동
- 2019 'SAMSUNG과 떠난 캠핑카 여행' 콘텐츠 제공
- 2019 tvN <곽승준의 쿨까당> 출연
- 2018 조선일보 '일사일언' 칼럼 연재
- 2018 코엑스 별마당 도서관 '컬처 클럽' 인문학 특강
- 2017 EBS <세계테마기행> '미크로네시아 편' 출연
- 2017 'LG 여행 작가와 함께하는 G6 프로젝트' 참여 등

전시
- 2018 소확행 3인전 <The World of Green>
- 2016 캐논코리아 10주년 초청 작가전 <The Wall>
- 2015 개인전 <The Wall> 국회회관, 인천국제공항 릴레이 전시회
- 2010 개인전 <In and Out> 여행전 등

출판, 기고
- 2018 <우리 다시 어딘가에서> (미호)
- 2016 <꿈꾸는 여행자의 그곳, 남미> (미호)
- 2015 <함께, 다시, 유럽> (미호)

- 중앙대학교 사진학과 졸업

사진작가의 스케줄

오재철
사진작가의
하루

* 프리랜서라는 직업의 특성상 매일 스케줄이 달라집니다.
아래 일과표는 평소의 대략적인 스케줄을
토대로 구성한 것입니다.

24:00 ~ 02:00
▶ 영화, 게임, 독서, 인터넷
서핑 등 개인 취미 활동
02:30 ~
▶ 취침

10:00
기상
자택 2층에 있는 작업실로
커피 한 잔 들고 출근

10:00 ~ 11:00
▶ 이메일 확인
▶ SNS 포스트에 댓글 달기
▶ SNS에 포스팅 하기
▶ 개인 업무 및 일처리

21:00 ~ 24:00
▶ 포토샵 작업

11:00 ~ 12:00
업체와 전화 연락 및
일에 대한 일정 논의
12:00 ~ 13:00
거래처 직원들 또는 사적인
관계의 사람들과 점심식사

17:00 ~ 19:00
▶ 가족과 함께 시간 보내기
19:00 ~ 21:00
▶ 외부 미팅 또는 모임
겸 저녁식사

13:00 ~ 15:00
▶ 사진 촬영(촬영이 있는 날) or
포토샵 작업(촬영이 없는 날)
15:00 ~ 17:00
▶ 외부 미팅 or 전시회
▶ 영화, 뉴 트렌드 둘러 보기

먼 길을 돌아
다시 사진으로

▶ 프로필 사진

▶ 사진은 스스로 경험하며 익히는 것!

▶ 자신이 좋아하는 일을 하는 것,
　그 자체가 무엇보다 중요해요.

Question ## 학창 시절은 어땠나요?

저는 인문계 고등학교를 나왔어요. 제가 학생이던 시절엔 시험을 쳐서 고등학교를 들어갔는데, 저는 충청도에서 공부 잘하는 학생들만 모인다는 공주사대부고에 입학하게 되었어요. 고등학교 3년 동안 이른바 SKY 대학을 목표로 두고 열심히 공부를 했습니다. 고등학교 3학년 때는 SKY 대학을 필두로 여러 유명 대학 중 한곳에 들어가기 위해 입시를 준비했죠. 열심히 했지만 유명한 대학교의 괜찮은 과에 들어가기에는 성적이 부족했어요. 명문대에 가고 싶은 마음에 비교적 합격 점수가 낮은 과를 찾아보던 중, 중앙대 사진학과를 우연히 발견했어요. 그때는 지금처럼 입시 제도가 다양하지 않고, 각 대학교에 가서 입학시험을 보는 학력고사 시절이었죠. 지금은 중앙대 사진학과 입학시험에 실기시험이 있지만 당시엔 필기시험과 구술 테스트로 학생을 선발했어요.

사실 저는 원래 미술을 잘했어요. 어렸을 때부터 전국대회에서 상도 타고, 재능도 흥미도 있었죠. 하지만 당시엔 공부 잘하는 아이에겐 부모님이 예체능을 시키지 않는 분위기였고 저도 당연히 그게 맞다고 생각했어요. 아버지가 동네에서 사진관을 하셔서 집에 사진기도 있었고, 고등학생 때 공부를 열심히 했기에 사진학과 필기시험도 잘 볼 수 있을 거라고 생각해서 중앙대 사진학과를 지원했어요. 사진학과에 합격을 했지만 아버지께선 엄청 반대하셨어요. 당시에는 예체능 하는 사람에 대한 일반적인 인식이 별로 좋지 못했기 때문이죠.

Question ## 대학 생활은 어떻게 하셨나요?

중앙대 사진학과 입학 후, 대학 시절은 방황의 연속이었어요. 사진에 대한 감각은 있어서 성적도 잘 나오고, 사진도 잘 찍었죠. 하지만 저는 사진을 하고 싶어 학교에 들어온 게 아니라 더 좋은 대학에 가지 못해 어쩔 수 없이 들어온 것이라 자꾸 여긴 내가 있을 곳이 아니라는 생각이 들었어요. 당시에 재수 생각도 많이 했고, 아니면 졸업하고 대학원에 들어가 다른 공부를 할까? 하는 고민도 했어요. 아무튼 대학교 시절 내내 '내가 있을 곳이 아니다'라는 생각이 강해서 인지 친구들과도 잘 어울리지 못했어요. 지금 말로 말하자면 아웃사이더였죠.

학년이 올라갈수록 방황은 더 심해졌습니다. 사진이 좋아서, 중앙대 사진학과를 들어오기 위해서 재수, 삼수를 해서 들어온 친구 들도 있는데 내가 들어옴으로 인해 사진을 좋아하는 한 친구가 입학하지 못한 것에 대한 미안함, 그밖의 복합적인 이유로 방황은 계속되었고 결국 오랫동안 학교에 나가지 않아 학사 경고도 받았어요. 당시에 저는 졸업하고 나서 사진작가를 할 생각이 전혀 없었고 단지 돈을 많이 벌고 싶었어요.

Question 대학 졸업 후에는 어떤 일을 하셨나요?

당시에는 졸업 후 대부분의 학생들이 필수 코스로 어학연수를 떠났어요. 저도 어학연수를 가고 싶었죠. 어학연수를 갈 돈을 마련하기 위해 다양한 아르바이트를 했어요. 그때는 카메라가 흔하지 않아서 사진학과 학생들이 사진을 찍어 주는 아르바이트를 해 돈을 벌기 좋았어요. 개인용 카메라도 없고, 사진 찍을 수 있는 사람도 흔하지 않고, 또 프로 사진작가에게 맡기기에는 가격도 비싸던 때니까요. 제가 기억하기로는 20여 년 전, 제가 대학생일 때 웨딩 촬영을 하고 당시 돈으로 하루에 80만 원 정도 받았거든요. 학생에게는 엄청나게 큰돈이었죠.

그렇게 열심히 아르바이트를 해 마련한 돈으로 뉴욕에 갔어요. 원래 계획은 뉴욕에서 1년 정도 어학원을 다니고 한국에 돌아오는 것이었어요. 하지만 뉴욕의 느낌과 분위기가 정말 좋았어요. 그래서 뉴욕에서 더 살아 보기로 결심하고, 생활비 마련을 위해 아르바이트를 했어요. 식당 웨이터, 클럽 웨이터, 현지 사진을 찍어 한국에 보내주는 리포터 등 다양한 일을 했어요. 결국 처음 계획보다 2년 더 뉴욕에 있다 한국에 돌아오게 됩니다. 한국에 돌아와서는 돈을 벌기 위해 학생 영어 과외를 시작했어요. 지금은 영어 학습이 많이 발전했지만, 당시에는 영어 과외라면 다 《성문종합영어》로 했죠. 하지만 저는 남들과 다르게, 영어를 영어답게 가르쳐서 인기가 많았어요. 당시 학생들에게, 그리고 학부모님에게도 신선한 방법이었죠. 어학연수 때 제가 직접 공부했던 교재 'English Grammar'로 꼭 필요하고 실전에 사용할 수 있는 영어를 가르쳤거든요. 좋은 반응이 이어져서 30대 초반으로서는 꽤 많은 돈을 벌었어요. 당시 제게는 돈이 어떤 것보다 최우선이었다고 할 수 있죠.

Question **다시 사진을 하게 된 계기는 무엇이었나요?**

하지만 어느 순간 돈에 대한 욕구는 줄고, 사진을 찍고 싶단 생각이 들었어요. 어느 순간 갑자기 그런 생각이 들었다기보다는 과외 일을 하면서도 마음 한구석에 사진 생각이 있던 거예요. 대학 시절에 공부를 못한 아쉬움, '사진'이라는 길에 대한 아쉬움이 많이 남아 있었죠. 꿈을 팔아서 돈을 버는 제가 한심해 보이기도 했죠. 그래서 영어 과외가 싫어졌고 자존감도 바닥이었어요. 결국 사진으로 다시 복귀하기로 결심하고 모든 영어 과외를 중단했어요. 다행히도 중앙대 사진학과 동창들이 업계에서 사진으로 자리를 잡고 있어서 그들의 도움을 받을 수 있었죠. 저는 스튜디오에 들어가기보다는 프리랜서로 시작했고요. 당시는 SNS도 없던 때라 직접 부지런히 홍보를 하러 다녔고, 영어 과외를 했을 때보다 수입도 1/4로 줄어서 다른 아르바이트를 해야 했어요.

제가 사진으로 돌아왔을 때 저의 꿈은 사진으로 돈을 많이 벌고 유명해지는 게 아니라 사진을 하는 것, 그 자체였어요. 누구든, 어떤 사진이든 제게 사진을 찍어 달라 요청하면 찍어 주는 일 자체가 정말 좋았어요. 돈의 액수는 중요하지 않았죠. 웨딩 사진, 돌 사진, 어떤 사진이든 저를 불러만 주면 즐거운 마음으로 가서 찍었어요.

사진을 다시 시작하기 위해 사진 공부를 하셨나요?

　저는 사진은 공부를 한다기보다는 익히는 것으로 생각해요. 수학, 과학 같은 과목처럼 이해하고 암기하고 공부한다기보다는 연습을 한다는 표현이 더 어울릴 것 같아요. 사람들이 내 사진을 싫어하면 왜 싫어하는지 그 이유를 찾아보고, 내가 좋아하는 사진을 보면 어떻게 해야 나도 저렇게 찍을 수 있을지 그 방법을 찾아보는 거죠. 암기하는 게 아니에요. 그래서 저는 포토샵도 책 한번 보지 않고 스스로 익혔어요.

　제가 공부라는 표현을 쓰지 않는 이유는 게임에 비유할 수 있죠. 처음 게임을 할 때는 잘 못하는데, 계속하다 보면 어느덧 레벨이 올라가 있잖아요. 그런데 게임에 공부한다는 표현을 쓰지는 않죠. 똑같아요. 우리는 사진뿐 아니라 자기가 좋아하는 것에는 공부한다는 표현을 잘 안 써요. 그냥 하는 거죠. 직접 해보다가 자신에게 부족한 점이 있다고 느껴지면 찾아보고, 그러다 보면 어느 순간 실력이 올라와 있지 않나요? 그래서 저는 공부한다는 표현을 잘 쓰지 않아요. 분야마다 크게 성공하는 사람들은 공부한다는 표현을 잘 쓰지 않는 것 같아요. 그저 자기가 좋아서 그냥 하다 보면 성공하는 거예요. 제 주위에 성공한 사람을 보면 다 그렇더라고요.

　제가 다시 사진으로 복귀했을 때, 돈을 벌려고 사진을 한 것이었다면 지금까지 사진을 하지 못했을 거예요. 저는 사진을 시작했을 때 제게 10만 원을 주든지 30만 원을 주든지, 불러 주시면 어디든 무작정 다 갔어요. 사진을 찍는 그 자체가 너무 행복했기 때문이죠. 사진이 좋아서 몰입하다 보면 나도 모르게 고객이 요구하셨던 것 이상으로 찍어 드릴 때도 있었어요. 다시 게임으로 예를 들자면, 보통 게임을 1시간만 해야겠다고 해서 1시간만 하지는 않잖아요. 항상 1시간 이상 하게 되거든요. 내가 좋아하니까 나도 모르게 정해놓은 시간 이상을 하는 거죠. 저에게는 사진이 그랬어요. 반대로 게임을 포인트를 얻을 목적으로 하면, 딱 포인트를 얻을 만큼만 게임을 하겠죠. 다시 사진으로 돌아왔을 때는 사진을 하고 싶기 때문에 돌아온 거지 돈을 벌고 싶어 돌아온 것이 아니었기 때문에, 나도 모르게 고객이 부르는 조건보다도 더 찍은 거죠.

　이렇게 좋아하고 열심히 하면, 바보가 아닌 이상 실력이 늘 수밖에 없어요. 10년 정도 열심히 하다 보니 자연스럽게 사진으로 먹고사는 문제도 해결이 됐고요. 나는 사진으로 돈을 많이 벌어서 차를 사야 해, 집을 사야 해 하는 것보다는 사진을 찍는 그 자체가 목표였어요. 그래서 직업과 돈에 대한 고민을 하지 않았던 것 같아요. 집을 못 사도 사진을 한 걸 후회하지 않을 자신 있다, 내가 돈을 못 벌어서 결혼을 못 할지라도 사진을 선택한 걸 후회하지 않을 자신이 있다, 나는 사진으로 먹고살기만 하면 된다 하고 저 자신에게 맹세했어요. 만약 결혼하는 게 목표였으면 사진이 아니라 과외를 계속해야 했겠죠. 그 지점에서 저의 사고방식이 확 바뀌었단 걸 알 수 있었어요.

저는 학생들에게 억지로 열정을 만들지 말라고 말하고 싶어요. 인생에서 꼭 좋은 결과물이 나오지 않더라도 자신이 좋아하는 것을 하면서, 남에게 피해만 주지 않고 먹고살 수 있다면 크게 상관없다고 생각하기 때문이에요.

감성,
아름답고 새롭게
표현하는 능력

▶ 아내와 함께 떠난 세계 여행

▶ 캐나다의 가을 숲

▶ 인간의 깊은 뜻을 알수록 사진에 담긴
감성 또한 깊어져요.

현재 하시는 일에 대해 설명해 주세요.

저는 사진도 찍고, 글도 쓰고, 여행도 가고, 강연도 하는 등 다양한 일을 하고 있습니다. 사진 전시회부터 상업 사진까지, 사진이라면 어떤 것이든 하고 있습니다. 현재 1년 동안의 미국-캐나다 여행을 두 번째 세계 여행으로 계획하고 있습니다.

Question **사진을 다시 시작하면서 가장 기억에 남았을 때는 언제였나요?**

저는 사진 찍을 때마다 좋았어요. 물론 일이 있을 때 '와! 신난다' 하고 나가지는 않죠. 왜냐하면 나가는 과정이 귀찮긴 하거든요. 하하. 하지만 현장에 도착해서 카메라 셔터를 누르기 시작해서 촬영이 끝날 때까지의 시간은 참 즐거워요. 아무래도 항상 예쁜 걸 보고 예쁜 걸 찍잖아요. 고객들이 더러운 걸 찍어달라고 요청하거나 슬픈 일이 있으니 찍어달라고 하시지는 않으니까요. 다시 사진으로 복귀하고 수입이 적을 때, 웨딩 촬영을 하면 촬영 장소가 결혼식장이라 뷔페 식권을 주잖아요. 전 그게 정말 좋았어요. 그리고 회사 행사나 축제 같은 곳에 촬영을 하러 가면 맛있는 음식도 먹을 수 있고, 돌잔치 촬영 땐 기념품도 받고, 맛집에서 촬영 요청이 들어오면 촬영을 마치고 나서 맛집 음식도 먹을 수 있는, 그런 경험 하나하나가 아주 즐겁고 좋았죠.

Question **신혼여행으로 세계 여행을 가셨다고 들었어요.**

일단 우리나라에서 일반적으로 여겨지는 정식 코스 있잖아요. 30대에는 돈을 벌고 모아서 결혼을 하고, 이후에는 집을 사고 노후 대비를 하고, 그 후에는 돈이 남으면 여행을 하는 게 보통 직장인들의 삶이잖아요. 그런데 생각해 보니까 저는 이게 불가능한 거예요. 33살에 다시 사진을 시작한 후 수입이 줄었는데, 39살 때 보니 6년 동안 모아둔 돈이 거의 없는 거예요. 예전에는 수입이 지출보다 앞섰는데 어느 순간 수입과 지출이 비슷해지면서 느낀 것이 있어요. 내가 부자가 돼서 세계 여행을 하기는 그른 것 같고, 그러면 세계 여행을 포기할지 다른 방법을 찾을지 고민을 하다가 다른 방법을 찾았어요. 결혼 자금이 보통 3,000만 원 정도 든다면, 결혼 자금을 100만 원 선에서만 지출하고 나머지 자금은 세계 여행을 가는 데 쓰기로 아내와 함께 결정한 거죠.

예단, 예물, 반지 하나도 하지 않고 결혼식 날짜도 예식장이 가장 싼 윤달에 잡아 할인을 받았어요. 청첩장은 식섭 포토샵으로 디자인해 인쇄했고, 필요한 것이 있으면 사진을 찍어주고 답례품과 교환했죠. 마침 그 무렵에 아이스 와인 제품 촬영 문의가 들어왔는데, 제가 사진을 찍어드리는 대신 아이스 와인을 받기로 해서 결혼식 답례품으로 쓰고 웨딩 촬영도 직접 해서 100만 원 안에 모든 결혼식 준비를 끝냈어요. 세계 여행을 떠나기 전에 저는 제가 유별나다고 생각했어요. 유별나다고 생각하긴 했지만 나는 이렇게 유별나게 살래 했죠. 유별난 삶을 포기하고 살았다면 틀에 짜인 한국 사회의 이상적인 삶이 저를 기다리고 있었겠죠? 저는 세계 여행을 하면서 그런 맞춰져 있는 틀에서 나온 거고요.

세계 여행 중 가장 기억에 남았던 에피소드가 있나요?

스코틀랜드에서 히치하이킹을 했어요. 우리를 태워준 운전기사에게 어디를 가는 건지 물어봤더니 그리스에 간다고 하더군요. 그리스에 왜 가냐고 물었더니 그리스에서 스코틀랜드가 월드컵 예선전 경기를 한다는 거예요. "중요한 경기입니까?"라고 물었더니 그 운전기사가 말하기를, 이미 스코틀랜드는 예선 탈락했다는 거예요. 그럼 왜 군이 그리스까지 가냐고 물어봤는데, 4년에 한번 하는 축제니까 간다고 말하더라고요. 스코틀랜드의 마지막 예선 경기니까 당연히 응원하러 간다는 거예요.

저는 운전기사의 그 말이 충격적이었어요. '이 사람들은 과정을 즐기는구나, 과정을 즐기는 게 연습이 돼 있으니까 자신의 인생이 끝이 어떠하든 삶이라는 과정을 즐기면서 살 수 있겠구나.' 하고 깨달았어요. 인생은 결론보다 과정이 중요하다는 걸 모르는 사람이 얼마나 있겠어요. 하지만 진심으로 그렇게 생각하는 사람은 적죠. 그래서 저는 여러분에게 지식만 얻으려 하지 말고 직접 많은 경험을 해보고 느끼라고 말해주고 싶어요.

세계 여행은 작가님께 어떤 의미였나요?

생각해 보면 저는 고등학교 때부터 이상적인 틀에서 나오는 연습이 되었던 것 같아요. 제가 나온 고등학교에서 예체능 학과로 진학했다는 것 자체가 이미 틀을 깬 거죠. 저희 고등학교에서 배출한 수많은 졸업생 중 중앙대 사진학과에 간 선배는 없었거든요. 저는 개인적으로 교육이란 지식을 머릿속에 넣는 것이 아니라 삶을 대하는 자신만의 자세, 습관, 가치관 등을 형성하는 것이라고 생각해요. 저는 어렸을 때 공부 잘한다는 칭찬보다는 개성 있다는 칭찬이 더 좋아서 일부러 더 특이하게 행동했던 적도 있고, 남들과 똑같이 생각하지 않고 저만의 개성을 유지했어요. 저는 제가 예술적 감성이 제일 뛰어나서 중앙대 사진학과에 갔다고 생각하지 않아요. 제 고향인 공주에서 제일 특이해서 그런 것도 아닐 거예요. 다만 제가 저의 개성 유지를 잘 한 거죠.

세계 여행을 하며 느낀 것은, 세상에는 다양한 방법이 있더라는 거예요. 한국에서 잘 산다는 건 경제적으로 여유롭거나 높은 지위를 가지고 있으면서 좋은 차를 모는 것이라고 생각했는데, 해외에 나와 보니까 분명 경제적으로는 못 사는 편인데 정말 즐겁게 사는 사람들이 있는 거예요. 문득, 그렇다면 돈과 행복은 크게 상관없지 않을까? 하는 생각이 들었어요. 그리고 그런 사람들의 모습을 보고 나 자신의 모습을 다시 생각해 봤죠. 세계 여행을 할 때, 어제는 *비박(등산에서, 텐트를 사용하지 않고 지형지물을 이용하여 하룻밤을 지새우는 일)을 했는데 오늘은 호스텔에 가서 침대에 누우니 정말 행복하더라고요. 침대 때문에 행복한 게 아니라 침대를 대하는 나의 마음 때문에 행복하다는 것도 느꼈어요. 만약 제가 전날 비박을 하지 않고 고급 호텔에서 잤더라면 오늘 이 침대는 너무 싫었겠죠. '물질 자체가 중요한 게 아니라 내가 그 물질을 어떻게 바라보느냐가 중요하구나.', '어떤 상황에서도 행복할 수도 있고 불행할 수도 있겠구나.' 하는 생각이 들기 시작했어요. 우리는 원효 대사의 깨달음인 '모든 일은 마음먹기에 달려있다'를 다 알잖아요. 그 깨달음을 글자로만 알아서는 삶에 적용하지 못해요. 저는 세계 여행을 통해 많은 것을 직접 경험하면서 깨달았고, 돈이 없어도 행복할 수 있다는 것을 몸소 느꼈어요. 세계 여행 이전에는 사람을 판단할 때 그 사람의 옷이나 재산, 지위를 봤지만 이제는 인상, 느낌, 말투를 봐요.

작가님이 생각하시는 사진작가에게
가장 필요한 역량은 무엇인가요?

가장 중요한 건 감성이에요. 세상을 다르게 볼 줄 아는 시선, 똑같은 것을 봐도 더 아름답게 머릿속에 그려낼 수 있는 능력. 눈앞에 있는 대상을 그대로 찍는 게 아니라 가장 아름답게, 혹은 상대방이 원하는 대로 새롭게 표현해 내는 것이 바로 감성이죠.

사실 테크닉은 기본적인 것이에요. 테크닉만 익혀 찍는 사진은 한계가 있어요. 테크닉만 뛰어난 사람에게는 사진을 하라고 권하고 싶지 않아요. 그보다는 남들과 감성이 다른 사람, 똑같은 사물도 다르게 볼 수 있는 사람이 사진작가에 어울린다고 생각하거든요. 누가 남들과 똑같이 찍는 사진을 원하겠어요.

그런데 감성은 연습을 통해 충분히 향상시킬 수 있어요. 예를 들어 미술 시간에 "자, 오늘 과일을 그릴 건데요. 원래의 과일이 가지고 있는 색이 아닌 다른 색으로 칠하는 걸 할 거예요. 여러분이 만약 바나나를 그린다면 노란색 대신 다른 색을 사용해야 해요. 그리고 자신이 사용한 색은 무엇인지 말하고, 그 색을 사용한 이유도 설명해주세요."라는 식으로 연습할 수 있겠죠. 사진으로 표현할 때도 똑같이 적용할 수 있어요. 자신의 느낌대로, 왜 여기서 그런 느낌을 받았는지, 어떤 걸 표현한 건지 생각하며 연습하는 거죠. 평소에 영화를 보고 감상문을 쓰더라도 영화의 줄거리를 쓰는 게 아니라 내가 영화의 주인공이 된다면 어떤 행동을 할 것인지, 그 이유는 무엇인지 생각할 수 있는, 답이 정해져 있지 않은 질문을 통해 감성을 키울 수 있어요.

사람마다 머리의 타고난 정도는 다르지만 누구든지 열심히 하면 성적이 조금이라도 오르는 것처럼, 감성도 마찬가지예요. 사람마다 타고난 정도가 다르지만 연습을 통해 충분히 극복이 가능하다고 생각해요. 감성은 말투, 표정, 몸짓에서 다 드러나기 때문에 사진을 찍히는 사람의 표정이나 말투, 몸짓을 순간적으로 고려해서 사진을 찍어야 해요. 사람들은 사진을 손으로 찍는다 하는데 사실 마음으로 찍는 거예요. 그러니까 안목을 길러야 하죠.

감성은 기본적으로 들어가야 하는 것이고 여기에 인문학적 지식도 들어가야 해요. 저는 세계 여행을 하면서 자연스럽게 사람이 사는 것에 대해 관심을 가지게 됐어요. 사람의 행복, 즐거움에 관심을 가지게 됐는데 알고 보니 이게 인문학이더라고요. 인간의 깊은 뜻을 알게 되니까 사진을 하는 데도 많은 도움이 돼요.

Question **책을 쓰는 이유는 무엇인가요?**

1년 동안 한 세계 여행은 남들이 쉽게 하지 못하는 경험이기 때문에 정리를 하고 싶었어요. 이왕 정리할 거 책으로 하면 어떨까 하는 생각이 들어 출판사를 알아봤어요. 책 작업을 할 때는 여행작가로서 책을 쓰는 것이 아니라, '우리가 그래도 1년 동안 세계 여행을 갔다 왔으니까 책을 내면 멋지지 않을까', '사람들이 사 보지 않더라도 책 한 권은 남지 않을까' 하는 느낌으로 아내와 함께 썼어요. 저희가 '베스트셀러에 들어야 해', '얼마만큼 팔아야 해' 하는 마음으로 작업을 했으면 책을 완성하지 못했을 거예요. 그래서 흔하디흔하지만 세계 여행에서 깨달은 바와 같이 결과보다 과정을 즐겨야 한다, 과정을 즐겨야 결과물의 성공 확률이 오히려 더 높아진다는 마음으로 임했죠. 처음부터 3권을 시리즈로 만들기로 계약이 돼 있긴 했지만 만약 1권이 잘 안 팔리면 2권, 3권의 제작은 불투명했는데 1권이 잘 팔려서 2권과 3권이 나왔고 그 책을 가지고 강연도 하고 있어요.

책을 쓰기 시작하면서 저의 목표를 사진에 한정하기보다는 제가 하고 싶은 이야기, 제가 느끼는 것을 사진으로든 글로든 영상으로든 표현하는 것으로 넓혔어요. 그중 사진은 제가 제일 잘하는 방법인 것이죠.

Question 자신만의 사진을 잘 찍거나 글을 잘 쓰는
방법은 무엇인가요?

요즘에는 다들 사진을 잘 찍잖아요. 그건 평상시에도 스마트폰을 들고 다니면서 사진을 많이 찍어봐서 그런 것이라고 생각해요. 글도 마찬가지에요. 예전에는 글을 쓰는 사람과 잘 못 쓰는 사람의 차이도 극심하게 났죠.

하지만 사회가 발달하면서 인터넷이 발달했고, 사람들이 이메일을 쓰기 시작했고, 이제는 많은 사람들이 글쓰기를 연습할 수 있는 공간인 블로그나 SNS 같은 매체도 생겨났어요. 그런 공간에서 계속해서 글쓰기를 하면서 어느 정도 실력도 갖출 수 있게 되었죠. 글쓰기 실력이 갖춰지면, 거기에다가 나만의 감성과 경험, 소재들을 결합해서 새로이 무언가를 만들어낼 수 있는 거예요.

Question 사진작가를 하며 힘든 일은 어떤 것들이 있었나요?

자기 사진의 정체성이 강해지면 강해질수록, 자신의 사진과 클라이언트가 요구하는 사진의 차이가 클 때 힘듭니다. 내가 좋아하고 추구하는 스타일과 클라이언트가 좋아하는 스타일이 다른 경우가 있을 수 있잖아요. 그럴 경우 어느 정도 클라이언트의 요구에 맞춰야 해서 스트레스를 받죠. 또 열심히 일한 것을 인정받지 못할 때도 힘들어요.

Question 작가님에게 도움을 주신 분이 있나요?

아주 많아요. 내가 잘한 사람이 날 도와주기도 하고, 내가 잘한 사람이 나를 안 도와주는 경우도 있고, 내가 잘한 것도 없는데 나를 도와주시는 분도 있고… 그래서 언제 어디서 어떻게 무슨 일이 일어날지 모르니까 진심을 다해 사람을 대하는 편이에요. 이제 사람을 보는 눈도 길러진 것 같아요. 그래서 사람의 마음을 더 많이 봐요. 인상이나 느낌을요. 옛날에는 능력이 중요하다고 생각했어요. 한 유명 기업과 같이 일할 때, 담당자 중 한 분은 차장이고 한 분은 부장이었어요. 당시만 해도 제 생각엔 부장이 직위상 더 높으니까 저를 더 많이 도와주실 것 같았거든요. 하지만 직위와는 상관없이 남의 일을 자신의 일처럼 생각하는 분들이 있더라고요. 예전에는 그게 안 보였는데 지금은 보여요. 나와 잘 맞는 사람이든 잘 맞지 않는 사람이든, 계획적으로 다가가지 않고 좋은 사람인 게 보인다면 잘해주고 싶죠.

Question 새로운 도전에 따른 불안함, 두려움은 없으셨나요?

도전이라 말하기도 애매해요. 그냥 하고 싶어서 하는 거라는 생각이 들었거든요. 세계여행도 하고 싶어서 한 거지, 거창하게 도전을 하고, 갔다 와서 뭘 해야겠다 하고 계획을 세운 게 아니라 그냥 하고 싶어서 한 거예요. 말 그대로 그냥 한번 해보는 거죠.

Question 자신만의 원칙이 있다면 무엇인가요?

일에 대해 책임을 지는 것과, 과정이 어떠했든 간에 내 일에 대해 책임을 지는 것이 저만의 원칙입니다.

▶ 2015년 개인전 때, 당시 새정치민주연합 대표였던 문재인 대통령에게 작품을 설명하는 모습

좋은 영향을 주는 사진작가

여행 작가 오 재 철

▶ tvN <곽승준의 쿨까당> 출연 모습

SAMSUNG

1분 1초도 놓칠 수 없는 캠핑 로드를 기록하다

추억 가득 낭만 가득한 캠핑 여행을 위하여!

오작가가 직접 다녀와서 알려주는
프로 여행 기록법

여행이 더 쉬워지는
#1. 여행의 기술

오작가의 S10 활영팁
#2. 여행을 기록

캠핑로드의 낭만
#3. 여행은 여유

오작가의 프로 여행 기록법
#3 여행은 여유

▶ 삼성 홈페이지 내 감성캠핑샵 콘텐츠

사진작가로서 뿌듯했던 적은 언제인가요?

내가 찍은 사진이 다른 사람들에게 영향을 끼칠 때요. 위로가 됐든, 기쁨이 됐든 내가 만든 결과물로부터 사람들이 영향을 받을 때 뿌듯함을 느껴요. 사진을 업로드 하면 몇몇 분들이 '오늘 힘들었는데 제 사진으로 인해 위로를 받았다'라든지 '힘을 받았다, 희망을 가지게 되었다, 꿈이 없었는데 꿈이 생겼다'라고 말씀해 주시는데 이런 것에 뿌듯함을 느껴요.

직업에 본인의 성격이 도움이 된 적이 있나요?

저는 안정적이고 반복적인 것을 별로 좋아하지 않는 편인데, 이런 점이 도움이 됐어요. 늘 새로운 방법으로 노력하고 해결하려 하는 성격도 많은 도움이 되었던 것 같아요. 저는 틀에 박혀있는 것을 잘 못 견디는 편이에요.

매력적인 사진이란 무엇이라고 생각하시나요?

사진 자체에서 메시지나 느낌이 잘 전달되는 사진, 색과 빛이 꽉 찬 느낌이 드는 사진이요. 그리고 색 배열을 잘하면서 빛을 잘 쓰는 사진도 좋아해요. 여권 사진도 좋아하고요. 제가 생각하기에 저는 20대까지는 기본적으로 우울함을 늘 지니고 있었던 것 같아요. 그래서 반대로 밝고 행복해지고 싶어 했죠. 그런 욕구가 일상생활에서는 충족이 잘 안 되니까 사진에 밝고 희망적인 모습을 담으려고 했던 것 같아요. 지금도 저는 따스하고 이상향적인 느낌의 사진을 추구하고 있습니다.

사진작가에 대한 편견과 오해가 있다면요?

인터넷에 사진을 올리면, 많은 분들이 가장 많이 하시는 질 문이 카메라 기종에 대한 질문이에요. 주로 렌즈가 뭐냐, 카메 라 기종이 뭐냐는 질문을 많이 하시고, 무슨 생각으로 이 사진 을 찍었는지, 무엇을 표현하고 싶었는지는 잘 물어보지 않으세 요. 많은 분들이 사진작가를 단순 스킬, 테크닉적인 면에서만 바 라본다는 점을 느낄 수 있는 부분이에요. 하지만, 사진은 다시 말하 지만 테크닉이 아니라 감성이고 예술이에요. 소설가에게 사용하는 만년필이 무엇인지, 컴퓨터는 어떤 걸 쓰는지 물어보지는 않잖아요. 그것과 같은 이치죠.

Question 추구하는 가치와 방향은 무엇인가요?

행복한 삶을 살되, 남에게 피해를 주지 않는 것입니다.

Question 사진작가를 꿈꾸는 학생들에게 한마디 해주신다면요?

사진작가를 꿈꾸는 이유가 사진이라는 일을 좋아해서인지, 사진작가라는 직업이 좋 아서인지 판단을 잘해보라고 말해주고 싶어요. 사진이라는 일 자체가 좋아야지, 그것을 통해서 얻을 부와 명예가 좋아서 사진작가라는 직업을 선택하면 안 돼요. 남들에게 멋있 어 보이는 게 중요한 게 아니라, 그 일 자체를 즐기고 좋아해야 오래 할 수 있고, 버틸 수 있고, 잘 될 수 있는 확률도 높아지지요. 쉽게 이야기해서, 사진으로 성공하지 못해도 후 회하지 않을 자신이 있는 사람이 했으면 좋겠어요.

진로를 고민하는 학생들에게 해주고 싶은 말이 있으시다면요?

일단은 인생의 기대치를 낮춰 보면 좋겠어요. '잘 돼야 한다.', '잘해야 한다.'라는 결과에 대한 부담감에 매이지 않으면 좋겠고요. 우리는 더 좋은 옷과 더 좋은 차를 사기 위해서, 그리고 당장 돈이 필요하니까 빨리 취직을 하려고 하잖아요. 하지만 뭔가를 빨리 결정하려고만 한다는 것은 잘못된 선택을 할 확률도 높은 것이라고 생각해요. 중간에 잘 맞지 않는다는 걸 느끼면서도 그동안 한 게 아까워서 포기하지 못하는 경우도 많이 봤어요. 그래서 인생에 대한 기대치를 낮추고 일단 충분한 시간을 가져 보면 좋겠습니다. 자신에 대해 충분히 고민할 시간을 가지려면 조급함을 버려야 하겠죠. 그러니 너무 성급하게 결정하지도 말고, 결과에 대한 부담감에서 벗어나면 좋겠어요. 남에게 피해를 주지 않는 상황에서라면 어느 누구의 삶도 잘못된 삶은 아니에요. 사회에서 요구하는 기준에만 맞추다 보면 내가 진정 하고 싶은 것을 해 볼 기회는 그만큼 줄어들겠죠.

Question

앞으로의 계획은 무엇인가요?

죽을 때까지 나답게 사는 것. 사진을 하든, 글을 쓰든 남에게 피해를 주지 않는 선에서 나에게 솔직한 것. 내가 원하는 대로 사는 것. 남들이 하는 대로 똑같이 따라 하는 게 아니라 오로지 내 스타일대로 사는 것. 미래에 어느 날 갑자기 음악을 하고 싶어지면 다 그만두고 음악을 시작하는 것. 하고 싶은 것은 언제라도 바뀔 수 있으니까, 이제는 평생 사진을 한다는 말은 하고 싶지 않아요. 어떤 한 가지만으로 끝을 보기보다는 상황에 따라 내가 하는 일에 변화를 주고 싶어요. 순간순간 내게 주어진 상황을, 그리고 남에게 휩쓸

려서 하려고 하는 일인지 내가 좋아서 하고자 하는 일인지를 고민해 볼 거예요.

결국 '행복한 삶'이 앞으로의 계획인 거죠. 남들에게 피해를 주지 않는 선에서 늘 행복해야 하고, 되도록이면 저뿐만 아니라 다른 사람들도 행복했으면 좋겠어요. 저의 작품 제목에도 '행복'이라는 단어가 잘 들어가는데, 그건 저의 마음을 담은 것이죠.

Question 사진작가 오재철은 어떤 사람인가요?

저는 다양한 면을 가지고 있는 사람이라고 생각해요. 이성적인 사고도 가지고 있고 감성적인 사고도 가지고 있고, 시골스러운 면도 있고 도시적인 면도 있고, 올드한 것을 좋아하면서도 모던한 것도 좋아하고, 클래식 음악을 좋아하면서 동시에 EDM도 좋아하고, 목가적인 풍경을 좋아하면서도 뉴욕을 좋아하고⋯ 다양한 면을 가졌죠. 복합적인 요소들이 섞여 있는, 오재철만의 색이 있는 사람이라고 생각해요. 모든 색이 섞이면 특이한 색이 나오잖아요. 일반적으로 모든 색을 섞으면 검정색이 나온다고 하지만, 사실 사용한 색의 비율에 따라 조금씩 다른 색이 나오죠. 그처럼 다양한 색이 섞여 있는, 다양한 것을 골고루 가지고 있는 사람이라고 생각해요.

저는 의외로 사람이 많은 것을 좋아하지 않아서 집에서 혼자 책을 읽고, 게임을 하고, 음악 듣는 걸 아주 좋아해요. 하지만 사람들을 만나서도 잘 활동하고 즐겁게 놀 수 있어요. 어떤 면에서는 굉장히 게으르고, 어떤 면에서는 부지런하고, 일적인 면에서는 섬세하면서 일상에서는 최대한 느긋한 편이죠.

Question 사진작가를 한마디로 표현하자면요?

자신이 세상을 보고 느낀 것을 사진으로 표현하는 사람. 작가는 자신이 느낀 바를 글로 표현하고 작곡가는 음악으로 표현하죠. 결국 예술은 자신의 생각을 표현하는 것이에요. 마찬가지로 사진작가는 대상을 있는 그대로 찍는 사람이 아니라 직접 보고 듣고 느낀 것을 표현하는 사람인 거죠.

Question 훌륭한 사진작가란 무엇일까요?

좋은 영향을 주는 사진작가. 메시지든 행복감이든 감성이든, 사진을 통해서 좋은 영향을 주는 사진작가. 그리고 좋은 영향이 긍정적인 변화로 이어지면 더욱 좋겠죠. 아프리카 기아 문제에 관심이 없던 사람이 사진작가의 사진으로 인해 기부를 하게 되었다든지, 삶을 포기하려 했던 사람이 사진작가의 사진을 보고 희망을 얻어 삶을 이어간다든지, 혹은 사진작가의 사진을 보고 좋은 아이디어를 얻을 수도 있겠죠. 이런 게 좋은 영향 아닐까요? 자신의 감성을 표현하는 것에 머물지 않고, 더욱 나아가 세상에 좋은 영향을 끼치는 것이 훌륭한 사진작가라고 생각합니다. 존 레논이 좋은 예 아닐까요?

디자이너를 꿈꾸다가 운명의 장난처럼 사진영상학을 전공하게 되었고, 이후 영화 현장의 스틸 사진작가로 다년간 활동했다. 스튜디오 '하품'을 차려 사진과 미술 작품을 선보이는 프리마켓에 참가하고 있으며, 제주의 풍경을 깊이 있게 촬영하며 풍경 작가로서의 안목도 길러나가고 있다. 자신만의 확고한 신념으로 자신이 하고 싶은 일에 몰두하는 그녀는 그림 그리는 사진작가이다.

사진작가
채신영

www.hapooooom.com
사진계정 @hapooooom_film
그림계정 @hapooooom_official

전시
- 2019 <하품로드> 두 번째 이야기
- 2019 <크리에이터스 그라운드>
- 2018 <서울 디자인 페스티벌>
- 2018 <서울 일러스트레이션 페어>
- 2017 <키덜트&하비 엑스포>
- 2016 <하품로드> 첫 번째 이야기
- 2016 <응축된 시간> 등

주요 활동
- 2019 영화 <숙제> 현장 스틸 사진 촬영
- 2018 <제주 신화월드 오프닝 행사> 프로모션 사진 촬영
- 2017 KBS2 <너도 인간이니?> 현장 스틸 사진 촬영
- 2016 <국제 로타리 세계대회> 프로모션 사진 촬영
- 2015 영화 <검은 사제들> 프로모션 사진 촬영
- 2014 영화 <변호인> 프로모션 사진 촬영
- 2013 영화 <감시자들>, <관상>, <동창생> 등 현장 스틸 사진 촬영
- 2012 영화 <늑대소년>, <박수건달> 프로모션 사진 촬영 등

인터뷰
- 서울경제 ['창업 꿈' 그리는 청년들]
  "4차 산업혁명에서 틈새시장 찾으세요"
- 서울경제 ['창업 꿈' 그리는 청년들]
  "제 그림 담긴 제품에 힐링된다니 뿌듯"
- 매일경제 [JOB아라 마이드림]
  사진작가 채신영 "조세호씨, 사진 찍으러 오시죠!"
- 파이낸스투데이 '서울일러스트레이션페어W 2018' 개최

- 상명대학교 사진영상미디어전공 졸업

사진작가의 스케줄

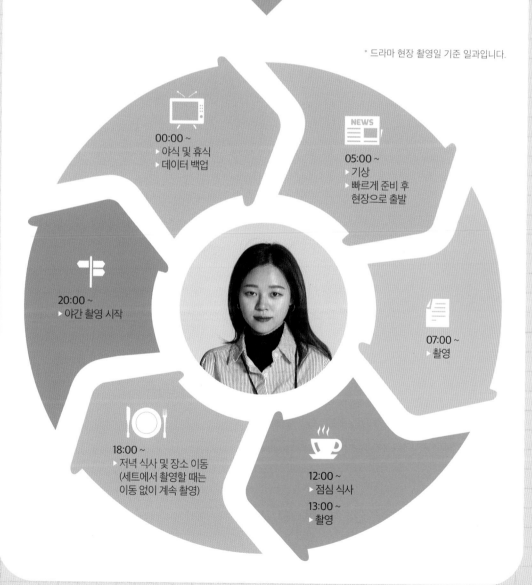

채신영
사진작가의
하루

* 드라마 현장 촬영일 기준 일과입니다.

00:00 ~
▸ 야식 및 휴식
▸ 데이터 백업

05:00 ~
▸ 기상
▸ 빠르게 준비 후
현장으로 출발

07:00 ~
▸ 촬영

12:00 ~
▸ 점심 식사
13:00 ~
▸ 촬영

18:00 ~
▸ 저녁 식사 및 장소 이동
(세트에서 촬영할 때는
이동 없이 계속 촬영)

20:00 ~
▸ 야간 촬영 시작

나를
사진으로 이끈
운명의 장난

▶ 프로필 사진

▶ 현장에서의 모습

▶ 촬영에 열중한 모습

Question 학창 시절은 어땠나요?

반에 만화 잘 그리는 친구 꼭 한 명씩 있잖아요. 그 친구가 바로 저였어요. 저는 초등학생 때 그림을 잘 그리고 좋아해서 친구들한테 만화를 자주 그려줬어요. 초등학생 시절 내내 그림을 그렸고, 중학생 때는 패션디자이너라는 꿈을 꾸었어요. 패션디자이너가 되고 싶어서 중학생 시절은 패션일러스트를 그리며 보냈죠. 디자이너가 꿈이니까 디자인 고등학교에 가고 싶었는  데, 부모님은 인문계 고등학교에 진학하길 원하셔서 인문계 고등학교에 입학했습니다. 하지만 여전히 그림이 좋았어요. 고등학생 때도 그림은 계속 그렸지만 점차 직접 만들고 창작하는 것에도 흥미가 생겨서 옷을 직접 수선해서 입기도 하는 등, 손으로 만드는 일을 즐겨 했어요.

Question 학창 시절, 장래 희망은 무엇이었나요?

학창 시절 장래 희망은 디자이너였습니다. 무언가를 그리고 창작하는 걸 정말 좋아했어요. 학년이 바뀌어도 계속해서 패션디자이너, 시각디자이너 등 '디자이너'라는 직업군 안에서 장래 희망을 찾았던 것 같아요.

Question 부모님이 바라는 직업은 무엇이었나요?

원래 저희 부모님께선 제가 안정적인 교사나 공무원 같은 직업을 갖길 원하셨어요. 하지만 디자이너에 대한 저의 꿈이 확고한 걸 아신 후에는 저를 믿어 주셨죠. 학생이던 저에게는 디자이너에 대한 정보가 많지 않았어요. 그래서 부모님과 함께 디자이너라는 직업에 대한 정보를 많이 얻으려고 노력했어요. 부모님께선 네가 하고 싶은 걸 하라고 말씀하셨고, 가족의 믿음이 있어서 그런지 저 또한 저의 꿈을 더 확고히 할 수 있었죠.

Question ## 사진학과에 들어가게 된 이유는 무엇인가요?

처음부터 사진학과에 들어갈 생각은 없었어요. 하지만 운명의 장난처럼 사진학과에 입학하게 되었어요. 입시를 할 당시엔 디자인과에 들어가고 싶었지만 결국 합격을 하지 못했어요. 정시 모집도 끝나고, 입시도 다 끝난 후 추가 모집 기간에 상명대학교 사진영상미디어과를 발견했죠. 미디어라는 단어를 보고 처음에 '시각디자인과 관련된 곳이겠지.'라는 막연한 생각에 지원하게 되었어요. 입시가 다 끝난 후의 추가 모집 기간이라 학과에 대해서 알아볼 시간이 없을 정도로 급박하게 돌아갔던 것 같아요. 처음 추가 모집에 합격했을 땐 정말 신나고 기분도 좋았지만, 기쁜 마음은 오래가지 못했어요. 저는 학교 입학식과 신입생 OT가 끝난 후에 합격한 것이었기 때문에 무엇을 배우는 과인지, 어떤 과목을 수강해야 하는지, 각 수업 내용은 어떠한지 등의 사전 정보가 없이 학교에 가게 된 거죠. 그래서 대학 수업 첫날은 머리가 백지 상태였어요. '사진영상미디어학과'가 시각디자인을 하는 곳인 줄 알았지만 알고 봤더니 사진을 하는 곳이었거든요.

Question 사진학과 생활은 어떠셨나요?

학교 입학 당시에는 이미 수강 신청이 끝나 있어서, 정정 기간에 수강 신청을 했는데 전공과목이 모두 사진촬영실기, 암실 등 사진과 관련된 과목이었어요. 저는 부모님께 입시를 다시 준비하고 싶다고 말씀드렸어요. 하지만 부모님은 입시 준비가 너무 힘드니까 그림을 그리는 일은 취미로 하고 우선 학교를 다녀보자고 하셨죠. 그래서 전공과목 첫 수업을 가게 되었는데, 수업이 끝나고 고민이 더 많아졌어요. 저를 제외한 친구들이 다들 엄청 큰 카메라를 들고 있었거든요. 저는 카메라에 대해 하나도 모르는데 말이죠. 부랴부랴 그날 바로 카메라를 찾아보고 구입했어요.

이렇듯 처음엔 학교생활을 잘 할 수 있을지 걱정도 많았고, 비실기 전형으로 들어간 것이기 때문에 실력도 많이 부족한데다, 암실에서 하도 사고를 쳐 영 내 길이 아닌 것 같다는 생각이 들었죠. 하지만 한 학기가 채 가기 전에 완전히 사진의 매력에 빠졌어요. 대학 시절의 저는 수업도 잘 듣고 학교생활도 열심히 하는 학생이었지만, 대체로 동기들과 어울리기보다는 카메라와 더 많이 놀았어요. 주관도 상당히 강했던 것 같아요.

Question 사진에 재미가 붙었던 계기는 무엇인가요?

학교를 한 학기 정도 다니자 사진에 재미가 붙었어요. 저희 사진학과에서는 포트폴리오를 제작하거나 사진을 전시할 일이 많은데, 저는 저의 장점인 디자인 능력을 활용하여 포트폴리오를 만들고 작품을 제출했어요. 보통 다른 학생들은 사진을 인화해서 그대로 제출하는데, 저는 학창 시절에 무언가 만드는 걸 좋아했던 기억을 살려 사진을 책으로 묶어 제출했죠. 저만의 방식으로 과제를 제출하니까 교수님들도 좋게 봐주시고, 자연스레 사진에 대한 흥미도 생겼어요. 지금 생각해 보니까, 당시엔 디자이너에 대한 꿈을 버리지 못해서 포트폴리오를 예쁜 책으로 만들거나 찍은 사진을 꾸미는 것을 통해 욕구를 해소했던 것 같아요. 중고등학교 시절에 디자인을 했던 것이 사진과 어우러지면서 시너지 효과가 발생한 게 아닌가 싶어요. 어떻게 보면 둘 다 사람의 손으로 만드는 일이니까요.

Question 학과 생활을 하면서 기억에 남는 활동을 했나요?

　사진학과에서는 조별 활동을 주로 하기 때문에 한 학기 내내 팀을 구성했어요. 기억에 남았던 건 광고 촬영 실습이었어요. 촬영 담당 1명에 조명 만지는 사람, 반사판 만지는 사람 등 각자 다른 역할을 맡은 5명이 한 팀을 이뤄요. 5명이 콘셉트를 정해서 돌아가면서 서로 도와야 했어요. 예를 들어, 제가 하나의 주제에 대해 사진을 찍어야 한다면 저는 감독이 되고, 나머지 친구들은 저를 도와주는 역할을 하는 거예요. 다섯 명 모두가 자신의 콘셉트 사진을 찍기 위해서는 역할을 바꿔 가면서 서로에게 도움을 주어야 해요. 그때 저와 함께한 친구들이 열정 가득한 친구들이어서 좋았어요. 사실 사진 결과물은 자금이 많으면 많을수록 좋은 결과물을 내기가 수월해지는 측면이 있는데요. 당시엔 다들 학생이라 가난한데도 서로 열심히 도우며 작업을 해서 좋은 결과물을 얻을 수 있었습니다.

영화
현장을 넘어
제주도로

▶ 영화 촬영 현장에서 스틸 사진을 찍을 때 모습

▶ 영화 촬영 현장에서는 사람들과의 관계도 중요해요.

▶ 제주도의 대자연 속에서

Question 영화 현장에서 스틸 사진작가를 하게 된 계기는 무엇인가요?

21살 여름 방학, 우연한 계기로 환경부 제작 생태 영화의 포스터 촬영에 재능 기부를 하게 되었어요. 촬영을 마치고 제가 좋아하는 교수님께 자랑하듯 전화를 해서 있었던 일을 재잘재 잘 떠들었는데, 교수님이 그때 저를 조금 특별하게 생각해 주 신 걸까요? 휴학을 하고 영화 쪽 일을 하고 싶다는 저의 말에 교 수님께서는 "신영아, 절대 휴학하지 말고 학교 다니면서 해. 해보고 괜찮으면 졸업 후에 계속 하면 되니까. 선생님이 좋은 방법을 생각 해 볼게."라고 하셨어 요. 그날을 시작으로, 저는 학교를 다니며 여건이 되는 대로 영화 현장 견습을 나갔어요.

Question 영화 현장 스틸 사진작가 생활은 어떠셨나요?

저는 운이 좋게도 좋은 작품을 많이 경험했고, 그러면서 연차도 쌓였어요. 하지만 어 쩐지 직업으로서, 본격적으로 일을 할 수가 없었어요. 큰 문제라고 생각하진 않았지만 제 나이가 어리기도 했고, 다들 자기 밥그릇 챙기기에 급급한 그런 상황 속에 있었죠. 밖 에서 보면 좋아 보이지만 영화, 드라마 현장 일은 정말 힘들어요. 개인적으로는 트라우 마가 생길 만큼 험난한 일도 많았고, 먹고 자는 문제와 춥고 더운 것을 모두 한계 이상으 로 견뎌야 하기 때문에 정말 단단한 마음을 먹어야 할 수 있는 일이라는 걸 느꼈어요. 그 와중에 무거운 장비 때문에 관절도 하나 둘 망가져 가서 너무 힘들었죠. 그리고 늘 저를 걱정하시는 부모님… '스틸 사진 촬영을 계속 해야 하나?' 하는 고민이 정말 많았어요.

영화 현장 스틸 사진에 대한 생각이 완전히 없어졌을 때 즈음, 드라마 스틸 메인을 해 보지 않겠냐는 연락이 왔어요. 큰맘 먹고 스틸 사진을 포기했는데 다시 일이 들어오다 니. '나는 이 일을 해야 할 운명인가 보다.' 하고 생각하게 되더라고요. 그렇게 제게 찾아 온 드라마가 바로 KBS2 <너도 인간이니?>랍니다. 더불어 그동안 참여했던 영화 작품을 정리해 보자면, <관상>, <감시자들>, <늑대소년>, <깡철이>, <동창생>, <변호인>, <해 무>, <패션왕>, <표적>, <플랜맨>, <임금님의 사건수첩>, <찌라시: 위험한 소문>, <시간 이탈자> 등이 있네요. 물론 저를 훌륭하게 이끌어주신 대한민국 최고의 스틸 사진작가 사수님의 공이 큽니다.

Question 영화 현장 스틸 사진작가로 생활하실 때,
어려웠던 점은 무엇인가요?

배우가 연기하는 장면, 그 순간을 포착해서 찍어야 하기 때문에 항상 긴장하고 있어야 해요. 요즘은 셔터 소리가 나지 않는 카메라가 있는데, 제가 활동할 당시만 해도 카메라 셔터 소리가 미세하게나마 났죠. 셔터 소리가 녹음에 들어가면 안 되고, 조명 밑에 그림 자가 져도 안 되는 등, 주변 환경을 아주 많이 고려해야 했어요.

영화 현장에 있는 사람들은 영화를 제작하는 사람인데, 저는 영화를 제작하는 사람이 아니라 영화 마케팅을 위한 사람이었기 때문에 영화를 만드는 사람들과의 사이도 굉장 히 중요했어요. 사이가 좋지 못하면 일을 하는 데 어려움이 있으니까요. 이런 환경 속에 서 최상의 사진을 찍어야 해서 처음에는 스트레스가 있었지만, 나중에는 현장 사람들과 의 관계를 즐겼어요.

영화 현장 스틸 사진작가를 그만둔 후
어떤 일을 하셨나요?

학교를 졸업한 후에도 현장 스틸 사진작가 생활을 계속 했어요. 하지만 금전적인 어려움이 있었어요. 대학생 시절엔 학생이라 경제적으로 도움을 받을 수 있었지만, 졸업 후엔 경제 활동을 하려면 일정 수준의 소득이 필요했죠. 가족들도 제가 취업을 하길 원하셔서 고민이 많았어요. 고민 끝에 영화 현장 스틸 사진작가를 그만두게 되었습니다.

영화 현장 일을 그만두고는 송도에 있는 한 유치원에서 일을 하게 되었어요. 유치원에서 어린이들에게 사진 찍는 걸 알려주고, 같이 책도 만들어서 전시하는 일을 했어요. 제가 아이들을 좋아해서 적성에는 잘 맞았지만 사정이 생겨 그만두게 되었고, 그 다음에는 사진관에서 일을 했어요. 사진관에서는 사진을 찍고 보정해 주는 일을 했죠. 제가 보정을 잘해서 사진관이 동네 여학생들에게 유명세를 타기도 했어요. 그 후에는 유명 휴대폰 케이스 회사에서 케이스 사진을 찍는 일도 했어요. 안정적인 일이었고, 몸도 힘들지 않았지만 지속되는 반복 작업에 흥미를 잃었어요. 제가 대학생 때부터 사회생활을 해서, 어느 순간 쉬고 싶다는 생각이 들었어요. 결국 휴대폰 케이스 회사에서 나오게 되었죠. 그 당시에는 머리에 한 가지 생각밖에 없었어요.

'좀 쉬고 싶다.'

Question 개인 스튜디오 '하품'을 설립하게 된 계기는 무엇인가요?

'하품'을 설립한 이유는 상업적 활동을 하겠다는 것보다는 단순히 프리마켓을 하고 싶었기 때문이에요. 처음엔 작가명도 없고 사업명도 없어서, '하품'이라는 단어가 떠오르자마자 등록했어요. 마지막 직장에서 퇴사한 후 1년 동안은 내내 작업실을 꾸리고, 그림도 그리고, 사진 작업을 했어요.

Question '하품'은 무슨 의미를 담고 있나요?

제 사진과 그림의 공통된 가치는 '휴식'입니다. 이전부터 바쁜 현대인들이 살아가면서 잠깐이라도 휴식을 취했으면 좋겠다는 생각을 가지고 있었고, 우연히 하품이라는 단어가 딱 떠올랐어요. 저의 작품은 자극적이지 않은 편안함을 추구해요.

Question '하품' 설립 시, 부모님의 반대는 없으셨나요?

저는 확신은 없었지만, 제게 일을 추진하는 능력과 손재주가 있다는 믿음이 있었기 때문에 걱정을 하지는 않았어요. 하지만 부모님은 계속 저의 진로에 대해 많은 걱정을 하셨죠. 창업 첫 1년 동안은 수입도 많지 않았거든요. 저는 부모님의 걱정을 줄이기 위해서 저만의 방법으로 부모님을 설득했어요. 저는 어른들이 다 아실 만한 기업이나 백화점과 컬래버레이션 작업을 하고 있다는 것을 꾸준히 보여드렸어요. 종종 학생들이 부모님을 설득하는 방법에 대해 물어보는데, 저는 항상 말해줘요. '부모님을 설득하는 데는 시간과 인내가 필요하다. 그리고 하려는 일의 계획과 그 일로 경제 활동을 할 수 있다는 사실을 보여 드려라.' 하고 말이죠.

Question 제주도에 내려간 이유는 무엇인가요?

'하품'을 설립한 후 1년 동안 꼬박 열심히 하니까 성과가 나오기 시작했어요. 하지만 저는 저의 작품을 더 심화시키고 싶었고, 영화 현장 스틸 사진을 찍을 때 취미로 찍던 풍경 사진도 찍고 싶었어요. 가장 적합한 장소가 제주도라는 생각이 들어 제주도에 내려가게 되었습니다. 제주도에서는 대자연을 느끼고 휴식도 취하면서 풍경 사진을 찍어야겠다고 생각했죠.

Question 제주도에서의 생활은 어떠셨나요?

제주도에 내려가면서, '내가 여기서 잘 안되더라도, 다시 사진관에 들어가면 돼.'라고 생각하니 마음이 오히려 가벼워졌어요. 제주도에 내려가서는 프리마켓에 나가 제가 만든 엽서와 작품들을 팔면서 생활비를 벌었고요.

Question 제주도에서 새롭게 배운 점이 무엇인가요?

제주도에서 생활하기 전까지, 저는 엄청 바쁘게 살았어요. 최대한 열심히 살고, 항상 모든 일에 최선을 다해야 직성이 풀리는 사람이었죠. 그래서 제주도에 가기 전에는 여러 일을 동시에 다발적으로 하고, 또 엄청 열심히 했어요. 하지만 제주도에서 사시는 분들은 급한 것 없이 느긋하고 여유 있어 보였어요. 제주도에서 사시는 분들의 모습을 보고 저도 여유와 느긋함을 배우고 있어요.

Question 풍경 사진의 매력은 무엇인가요?

저는 도시에서 볼 수 없는 풍경을 담은 사진을 굉장히 좋아합니다. 섬, 바다, 구름 같은 자연이 만드는 풍경을 아주 좋아하죠. 파도치는 찰나를 포착하거나 흘러가는 구름의 그림자를 찍는 것, 대자연이 만들어 내는 인위적이지 않은 풍경의 매력에 빠졌어요.

Question 풍경 사진과 영화 스틸 사진의 차이점에 대해 설명해주세요.

풍경 사진은 매뉴얼이 없어요. 장소, 시간 등에 구애받지 않죠. 어떠한 제약 없이 편안하게, 자신이 담고 싶은 것을 자신의 스타일대로, 자신의 방법으로 찍을 수 있어요. 반대로 영화 스틸 사진은 인물 위주여서 매뉴얼이 있고 제약이 있어요. 영화 촬영에 임하는 사람들이 불편하지 않도록, 매뉴얼에 맞도록 정석적으로 찍어야 해요. 또, 배우들이 연기를 하고 있을 때의 모습을 찍는 것이니까 인물의 표정이나 행동, 시나리오 장면도 사진에 담아야 하죠.

사진과 그림, 둘 다 하시게 된 계기는 무엇인가요?

사진학과를 나왔으니까 사진을 해야 하는 것인지, 그렇다면 그림은 어떻게 할 수 있을지, 나는 오랜 시간 그림을 그렸는데, 이제 그림은 포기해야 하나? 하고 계속해서 고민을 했어요. 부모님도 함께 고민하셨죠. 저와 입시를 같이 했던 친구들은 모두 다 현재 디자이너로 일하고 있어요. 하지만 친구들과 다르게 저는 디자인을 배우지 못했죠. 그렇기에 고민이 많았어요. 첫 개인 작업 당시에는 '사진이 잘 되면 사진을 하고, 그림이 잘 되면 그림을 하자.'라는 생각으로 사진과 미술 작품을 동시에 홈페이지에 올렸어요. 그러자 여러 회사에서 컬래버레이션 제인이 왔어요. 신기하게도 그림 쪽으로 제안이 오기도 하고, 사진 쪽으로 제안이 오기도 했죠. 사진과 그림, 둘 다 할 수 있는 기회가 저에게 계속 주어졌어요.

Question **주변 사람들의 인식은 어떠셨나요?**

사실, 처음엔 명확하지 않은 저의 직업 때문에 부모님과의 갈등이 많았어요. 이러한 상황에 스스로 괴로워하기도 했고요. 저는 철없는 자식의 마음으로 '아빠가 퇴직하시기 전까지만 도전해 보자. 잘 안되면 그때 조용히 취직하자.'라고 생각했고, 서른 살을 도전 종료의 기준으로 세웠어요. '그때 즈음이면 가장 못하는 것 하나쯤은 포기하겠지?'라고 나름의 보루를 설정하기도 했죠.

몇몇 분들은 제게 '투잡을 하는 거야?', '도대체 직업이 뭐야?'라고 질문해요. 하지만 아이슬란드 축구 국가대표팀 선수들이 경기장을 벗어나면 영화감독이 되고, 치과의사가 되고, 평범한 소금 공장 직원이 되잖아요. 정작 그들은 자신들의 그런 모습을 보고 평범한 것이라고 말해요. 같은 맥락에서 저는 '이것저것 해서 명확하게 직업을 말할 수 없는 사람'이 아니라, '예술을 좋아하고 자신만의 사진과 그림을 하는 평범한 사람'입니다. 사람들이 저에게 하는 일이 무엇인지 물으면, "저는 사진을 찍고 그림을 그립니다."라고 말해요. 누군가는 "축구선수이면서 치과의사입니다."라고 말할 텐데, 저 또한 마찬가지 아닐까요?

▶ 제주도에서 프리마켓에 나갔을 때 모습

▶ 사진뿐만 아니라 그림도 열심히!

▶ 사진작가란, 자신이 추구하는 가치를 자기만의 방식으로
표현하는 사람

자신만의
길을 가는
사진작가

자신만의 사진을 잘 찍는 방법은 무엇인가요?

최대한 연습을 많이 해봐야 해요. 흐린 날에도 찍어보고, 맑은 날에도 찍어보고, 다양한 환경이나 다양한 빛의 노출 상태에서 여러 각도로 찍어 봐야 해요. 찍어본 경험이 많이 쌓여야 자신만의 스타일이 나옵니다. 필름 카메라가 없다면 휴대폰 카메라로 연습을 하면 돼요. 휴대폰 카메라에도 필름 카메라의 원리가 들어 있거든요. 여기서 한 가지 팁을 드리자면, 인물 사진을 찍을 때는 무조건 눈에 초점을 맞춰야 해요. 하지만 풍경 사진을 찍을 때는 어디에 강조점을 둘 것인지에 따라 초점이 달라져요. 그래서 찍기 전에 사진에 무엇을 담을지, 무엇에 강조점을 둘 것인지 생각해야 해요. 인물 사진을 찍을 때는 조리개값이 중요하고, 풍경 사진을 찍을 때는 렌즈의 화각이 중요해요. 카메라가 좋으면 도움이 될 수 있지만, 사실 사진은 찍기 나름이에요. 색감이나 구도는 스스로 공부하면서 알아가야 하기 때문에, 카메라의 성능 그 자체보다는 본인의 역량과 노력이 더 중요합니다.

Question 자신의 성격이 사진작가 생활에 도움이 되었나요?

저는 현장에 가면 사이 안 좋은 사람 없이 잘 지내는 편이에요. 영화 현장에 가면 4개월 이상 함께하기 때문에 사이가 틀어지면 힘들어요. 그런 면에서 제 성격이 도움이 되었던 것 같아요. 전 사람들과 이야기하는 것도 좋아하고 낯가림도 없어서 친해지기도 수월했던 것 같습니다. 특히 현장에서 일하려면 대인 관계 능력이 무엇보다 중요해요.

Question 앞으로의 목표는 무엇인가요?

인생에 있어서 큼직큼직한 목표를 말씀드리자면, 예술을 하고 싶은 어린 친구들과 작업을 하면서 실무를 알려주고 싶어요. 예술적 감각이 있는 친구들을 모아서 같이 작업도 하고, 서로 피드백 할 수 있는 환경을 만들어 학생들이 보다 수월하게 예술 작업을 할 수 있도록 도와주는 일을 하는 거죠. 30대 안에 그 계획을 실행하는 게 저의 목표예요.

Question 내가 생각하는 사진작가 채신영은 어떤 사람인가요?

저는 자유분방하고 질문을 자주 던지는 사람이에요. 그리고 이상을 추구하는 편이고요. 흔하고 안정적이라고 생각하는 것에 계속적으로, 하루 종일 질문을 던져요. 예를 들어 '월급은 왜 받아야 해?', '4대 보험은 왜 해야 해?', '내가 사는 곳이 부천인데, 왜 꼭 부천에 살아야 하는 거지?' 하면서 당연하게 여겨지는 고정관념이나 안정적이라고 여겨지는 것에 대해 스스로에게 계속 질문을 던지고 이야기하는 것을 좋아해요. 저는 학생들에게 안정적인 길도 있지만 저처럼 하고 싶은 것을 하면서 사는 길도 있다는 걸 보여주고 싶습니다.

채신영 작가님에게 사진작가란 무엇인가요?

대학교 사진학과를 다니면서 작가론에 대해서 배우기도 했고, 선배님이나 교수님께서 '사진작가란 무엇이라고 생각하니?'라는 질문을 많이 하시는 걸 봐 왔어요. 사진작가에 대한 정의는 개인마다 어떻게 정의하느냐에 따라 달라요. 개인전을 여는 시기, 자신의 작품으로 개인 연봉이 일정 수준을 넘는 시기, 개인전을 해서 작품을 파는 시기 등, 각자의 기준에 맞추어 사진작가를 정의하곤 합니다.

개인적으로 사진작가란 자신이 추구하는 가치를 자기만의 방식으로 표현하는 사람이라고 생각해요. 자신만의 소신이 담긴 작품에 시간이 쌓이고, 확고한 철학과 자신만의 스타일이 더해지면서 작가로서의 모습을 갖추는 것 같습니다. 그런 의미에서, 저는 아직 사진작가라고 말하기에 부끄러운 단계예요. 그렇지만 저에겐 반드시 하고 싶은 작업이 있고, 실제로 원하는 작업을 해 나가고 있기 때문에 사진작가를 꿈꾸는 학생들에게 도움을 줄 수 있다고 생각합니다.

예술고등학교 사진과를 거쳐 상명대에서 사진을 전공하고 반려동물
사진작가가 되었다. 동물 복합 공간을 만들어 반려동물과 유기동물
을 돌보며 사진 판매와 후원을 통해 유기동물 입양을 지원하는 것이
그녀의 꿈이다. 사진은 추억이라고 생각하며, 반려동물과의 소중한
추억을 담아내기 위해 오늘도 다양한 동물들과 카메라로 소통하고
있다.

사진작가
이유진

전시
- 2018 <Dog, Dog 들어가도 될까요?> 유기견 사진전
- 2013 상명대학교 졸업전시회
- 2010 Gallery SKY YEON 개관기념전
  하늘을 날다 4부 <Final Fantasy Exhibition>
- 2009 상명대학교 사진전시회 <Darkroom>

매스컴
- SBS 희망 TV SBS 특별 생방송 즐거운 나눔, 커지는 행복 (2019년 12월 방영)
- 캐논코리아 캐논투게더: 캐논피플 (2019년 12월 방영)
- VDCM 비디오디지털카메라매거진 (2019년 11월호)
- SBS 동물농장 HARU (2019년 2월 방영)
- BBC NEWS 코리아 (2018년 12월 방영)
- 빅이슈코리아 (2018년 7월호)
- 쎄씨차이나(CeCi China) K-Culture Express (2018년 3월호)
- eyewear space ALO (2018년 3월호)
- 한국경제TV (2018년 2월 방영)

- 반려동물 초상 사진 포토그래퍼
- 반스 스튜디오 대표 (반려동물 사진전문 스튜디오)
- 프리랜서 포토그래퍼 / 리터처
- 상명대학교 사진영상미디어전공 졸업
- 안양예술고등학교 사진과 졸업

사진작가의 스케줄

이유진
사진작가의
하루

21:00~
▶ 휴식 및 취침

08:00 ~ 08:30
▶ 기상

08:30 ~ 09:30
▶ 반려견 산책

20:00 ~ 20:30
▶ 퇴근

20:30 ~ 21:00
▶ 저녁 식사

09:30 ~ 10:00
▶ 스튜디오 출근

10:00 ~ 11:00
▶ 스튜디오 청소 및
  스케줄 확인
▶ 택배 업무

15:00 ~ 18:00
▶ 촬영 및 정리

18:00 ~ 20:00
▶ 사진 보정 작업 및
  사진 액자 검수
▶ 포장

11:00 ~ 13:00
▶ 촬영

13:00 ~ 14:00
▶ 점심 식사

14:00 ~ 15:00
▶ 사진 보정 작업

추억을
사진으로
남기는 소녀

▶ 다양한 경험을 해 보던 어린 시절

▶ 강아지와 동물원을 좋아해요.

▶ 초등학교 졸업 앨범에 담긴 방송반 모습

초등학생 땐 어떤 학생이었나요?

이중생활이라고 해야 하나? 공부는 공부대로 하고, 한편으로는 저에게 맞는 취미 활동들을 열심히 찾아보려고 노력하던 학생이었어요. 남들과 어울리기를 좋아하고 외향적인 성격이라서 초등학교 때는 방송부 활동을 했어요. 방송부에서 카메라를 조작하고 화면을 넘기는 일을 했는데, 그 일이 참 재미있어서 방송과 촬영 쪽에 흥미를 가지기 시작했어요. 집에는 아버지가 쓰시던 디지털카메라가 있었는데, 메모리카드만 따로 사서 그 카메라를 가지고 놀곤 했어요. 또, 운동에도 관심이 많아서 높이뛰기 선수로 대회에 나가 우승도 했고, 학교 운동회 때는 반을 대표하는 계주 선수로 뽑히기도 했죠. 초등학교 시절엔 운동과 방송에 관심이 많았고, 둘 다 열심히 했어요.

중학교 시절은 어떻게 보내셨나요?

중학교 1학년 때도 방송반을 할 기회가 있었는데, 이미 초등학교 시절에 경험을 해봐서인지 이젠 방송반이 아닌 더 다양한 것을 경험하고 싶었어요. 다양한 걸 해봐야 내가 어느 것에 재능이 있는지 알 수 있을 것 같았거든요. 사진 외에도 요리, 제과제빵, 사격, 마술 등 주로 예체능 분야에 관심이 많았어요.

그리고 저희 언니가 공부를 잘했기 때문에 비교당하기 싫었는지 저도 덩달아 공부를 열심히 했어요. 공부에 관심이 없었는데도 불구하고 열심히 노력했죠. 제가 공부를 열심히 한 이유는 학교 성적이 제가 하고 싶은 것에 걸림돌이 되지 않게끔 하기 위해서였어요. 하지만 초등학생 때는 공부를 조금만 해도 성적이 곧잘 나왔는데, 중학생이 되자 제가 가진 순간 암기력, 순간 집중력으로는 한계가 있었어요. 자연스레 공부보다는 예체능 쪽으로 관심이 갔죠. 친한 친구들이 댄스부에 많아서 댄스부에도 들어가 봤지만 몸치라서 포기했고, 마술부에도 들어갔는데 마술 자체는 제법 잘 맞았지만 제가 연기를 잘 못해서 한계를 느끼고 취미로 하다 마무리했어요. 이렇듯 초등학교, 중학교 시절에 여러 가지를 해봤는데 그중 사진이 저에게 제일 잘 맞는다고 판단했어요. 중학교 3학년 때는 인문계 고등학교를 갈지, 예술고등학교를 갈지 고민했어요.

Question **본격적으로 사진을 시작하게 된 계기는 무엇인가요?**

중학교 3학년 때, 고등학교에 가서 사진을 할 수 있는 방법을 생각해봤어요. 저는 인문계 고등학교에 진학해서 사진 학원에 다니기보다는 예술고등학교에 들어가 사진을 배우고 싶었고, 안양예술고등학교와 한강미디어고등학교에서 사진을 배울 수 있다는 것을 알게 되었죠. 둘 중에 고민을 하다가 집에서 가까운 안양예고에 가고 싶다고 아버지께 말씀드렸어요. 아버지는 예고는 학비가 비싸기도 하고, 그보단 공부를 열심히 해서 아버지처럼 선생님이 됐으면 좋겠다고 하셨어요. 하지만 저는 예술고등학교에 가고 싶었고, 사진을 포기하고 싶지 않아서 아버지를 설득했어요.

나중에 성인이 되어서 아버지께 그때 결국 허락하셨던 이유를 여쭈어봤더니, 아버지도 젊은 시절, 사진에 관심이 많으셨대요. 아버지도 대학생 때 사진부 활동을 하셨고, 계속 사진을 하고 싶으셨는데 여러 상황상 그렇게 하지 못하셨지만, 당신이 누리지 못한 혜택을 딸은 누릴 수 있도록 허락해 준 것이 아닌가 싶다고 말씀하셨어요.

예고 사진과에서는 어떤 것을 배웠나요?

예고 생활은 아주 재미있었어요. 사진과 수업 시간에 기초사진, 암실, 사진촬영실기 등 사진에 대한 아주 기초적인 부분부터 필름 감는 법, 노출, 콘트라스트, 그리고 제가 직접 모든 걸 조작해서 찍은 사진을 인화하는 과정까지 세세하게 배웠죠. 뿐만 아니라 조명 수업, 대형·중형·소형 카메라 수업 등 사진에 대해 할 수 있는 웬만한 건 다 했어요. 전시회도 하고 야외 출사도 나갔습니다. 야외 출사를 나가면 선생님께서 주제를 하나 제시해주셨고, 그러면 우리는 그 장소에서 주제에 맞는 사진을 자유롭게 찍었어요. 소풍 때도 사진 주제가 있었는데요. 소풍을 놀이공원으로 가면 놀이공원에서 촬영을 했고, 학교에서 소풍 날 찍은 결과물을 심사하기도 했어요. 선생님들은 학생들이 구도나 콘트라스트 대비를 표현하고, 인화지로 결과물을 내는 과정까지 평가하셨죠. 다른 것을 다 잘해도 마지막 인화를 망치면 좋은 결과물을 내기 힘들기 때문에 과정 하나하나가 중요해요. 예고에서 수업을 들으려면 개인 카메라나 준비물도 다 구입해야 하기 때문에 심사 후 1등에게는 인화지를 상품으로 주시기도 했어요.

예고에서는 학생마다 경제적인 빈부의 격차가 있을 수 있다는 걸 고려해서, 아주 비싸지 않고 대체로 가격대가 비슷한 카메라 모델 몇 가지를 정해준 후 그 카메라들을 사용한 수업을 했어요. 그리고 일반 교과 수업은 문학이나 영어, 수학, 사회 등 꼭 배워야 할 과목 중심이었고, 나머지는 모두 사진과 관련된 수업이었죠.

대학 입시는 어떻게 준비하셨나요?

저는 제가 갈 대학교를 정해놓고 실기와 내신 위주로 준비를 했어요. 중앙대, 상명대, 서울예대, 경일대 등 입학하고자 하는 대학교들의 순위를 정했고, 우선 지방보다는 집에서 통학을 할 수 있는 곳으로 생각했어요. 그래서 중앙대와 상명대, 그리고 사진은 아니지만 영상 관련 학과가 있는 동국대와 경기대에 지원했는데 상명대에만 합격했어요. 상명대는 당시에 내신 100% 전형이 있어서, 평소 내신을 잘 관리한 저는 수월하게 붙을 수 있었던 것 같아요. 지금은 없어진 전형이죠. 지금은 실기 시험이 있기 때문에 예술고등학교를 나오지 않은 학생들은 사진 학원을 다녀야 해요. 실기 시험은 사진에 대한 기초적 지식과 사진 포트폴리오를 보는 건데요. 심사를 받을 포트폴리오에는 주제에 맞춰 찍은 사진은 물론 나 자신에 대한 생각, 표현하고 싶었던 것 등이 들어가 있어야 해요. 물론 현장에서 실기 시험을 보는 학교도 있어요. 주어진 같은 환경 안에서 같은 조형물을 보고 저마다 사진 촬영을 해서 포트폴리오를 제출하는 학교도 있고, 학교 안에 스튜디오가 있는 학교도 있죠. 각 학교마다 실기 시험의 특징이 다르고 평가 기준도 다르기 때문에 자신이 가고자 하는 대학교에 대한 사전 준비가 필요합니다.

이미 고등학교 때 사진에 대한 많은 것을 배웠기 때문에 대학교 1학년 수업은 수월했어요. 대학교 1학년 때는 기본적으로 흑백 사진과 흑백 암실에 대해서 배우는데 저는 고등학교 3년 동안 배웠던 것들이어서 어렵지 않았죠. 따라오는 속도가 느린 친구들을 도와주는 역할을 했고 교수님께 칭찬도 많이 받았어요. 고등학교 때 배운 것들이어서 그런지 특별히 열심히 하지 않았는데도 1학년 때 전공과목 성적이 전부 다 A+였어요. 그렇게 2학년 1학기까지는 고등학교 때 배웠던 것을 다시 배운 것이기 때문에 크게 노력을 하지 않아도 수업을 듣는 데 큰 지장이 없었지만, 2학년이 끝나갈 무렵부터는 1학년 때부터 열심히 노력했던 친구들이 저를 따라오기 시작했어요. 처음에는 제가 앞에 있었는데, 2학년 후반부터는 다른 학생들과 동일 선상에 있게 된 거죠. 그때부터 정신을 차리고 다시 시작하는 맘으로 열심히 했어요.

2~3학년 때는 사진에 대한 심화 내용을 배웁니다. 광고 사진, 응용 사진, 다큐멘터리 사진에도 각각 세분화된 종류가 있는데 그것들을 다 배우게 되죠. 그중 내가 하고 싶은 것을 4학년 때 전공으로 삼아요. 저는 2학년이 끝나고 휴학을 해서 한 학번 아래 학생들과 수업을 같이 들었는데, 후배들이 아주 열정적이고 열심히 하려는 게 보였어요. 후배들의 열정을 보고 열심히 해야겠다는 생각도 들었죠. 그때는 자존심도 다 버리고 저보다 잘하는 친구가 있으면 물어보면서 배웠습니다.

3학년 1학기 때는 우선 수업을 들어보고 저와 맞지 않는 것은 우선순위에서 제외했어요. 저는 역동적이면서도 저만의 철학이나 스토리가 담긴 사진을 찍고 싶었는데요. 그렇다 보니 아무래도 움직이지 않는 물건을 찍는 제품 광고 사진이나 객관성을 중시하는 저널 사진보다는 순수 사진과 응용 사진, 디지털 사진 쪽으로 마음이 기울었죠.

그중에서도 저의 모든 생각과 바람을 통합할 수 있는 건 순수 사진이었어요. 순수 사진은 그 자체가 예술 사진이라서 사진작가의 생각을 표현할 수 있습니다. 제가 그동안 전시했던 작품을 보면, 내 이야기를 하고 싶어 하는 것이 강하게 느껴졌어요. 저의 사진 안에는 항상 제가 들어가 있었죠. 그런 저의 사진을 좀 더 심화시켜서, 졸업 전시회에서는 저의 추억 이야기를 했어요. 저는 사진 자체에 저의 이야기를 담고 싶은 생각이 매우 컸거든요.

고등학교 때는 사진을 배우는 데 급급해서 이미지를 잘 표현하고 싶다는 느낌이 강했다면, 대학교 때는 제 이야기를 담고 싶다는 생각이 컸기 때문에 졸업 작품뿐만 아니라 1학년 때부터 과제가 아닌 이상 모든 작품에 제 이야기를 많이 넣었습니다. 특히 추억 이야기가 많이 들어갔어요. 과거에 사진을 찍었던 장소에 찾아가서 제가 과거에 찍은 사진을 들고 다시 똑같이 찍는 작업을 한 거죠. 사진은 모든 장면을 기억할 수 없는 사람을 대신해 과거를 기억하고 추억할 수 있는 매개체가 되어 줍니다. 저는 추억을 아주 소중히 여기기 때문에 과거의 추억을 사진으로 남기거나 추억이 담긴 물건을 모아놓기도 해요.

▶ 예고 사진과 촬영 실습 때

교감으로 찍는
반려동물 사진

▶ 대학교 졸업 전시

▶ 가장 중요한 원칙은 반려동물과의 교감!

반려동물 사진작가가 된 배경은 무엇인가요?

저는 어려서부터 동물을 워낙 좋아했어요. 초등학교 때부터 항상 집에서 강아지를 키웠고, 동물을 좋아하다 보니 동물원도 좋아했고요. 고등학교 때 암실 사진, 흑백 사진의 주제로 삼았던 것도 동물이었어요. 이렇듯 동물은 물론 동물 사진에도 늘 관심이 있었어요. 초등학생 때는 집에서 반려동물을 키우긴 했어도 제가 키운다기보다는 가족들이 함께 키우는 느낌이 강했는데, 스무 살 때부터 제가 직접 반려동물을 키우게 되니까 책임감이 생기고 동물에 대해 더욱 깊은 생각도 하게 되었습니다. 나와 많은 시간을 함께하는 소중한 생명이자 추억을 만드는 가족인 반려동물의 모습을 사진으로 남기기 시작했어요.

사실 대학교 3학년 때 진로에 대한 고민을 하면서 반려동물 사진을 찍어보자는 생각을 무심코 한 적이 있었어요. 2011년 당시는 반려동물 전문 스튜디오나 전문 사진작가도 없었죠. 애견 박람회도 없었고 애견 산업 시장이 좋은 편도 아니었고요. 그런 가운데 반려동물도 누군가의 소중한 가족인데, 초상 사진이나 가족사진이 있으면 어떨까라는 생각을 했어요. 그런데 그것을 실현하기 위해서는 스튜디오도 있어야 하고 사업자 등록도 되어 있어야 하는 등, 준비할 게 너무 많아서 일단 머릿속으로만 구상을 해놓고 당장은 졸업을 위해서 고군분투를 하고 졸업 후 실현해보자고 생각했어요. 스튜디오를 차리려면 자본도 있어야 하는데, 부모님께 도움을 받기 싫었고 여건도 좋지는 않았거든요.

졸업 전시 작품으로 반려동물 사진 작업을 하고도 싶었지만 졸업 전시 작품으로는 적합하지 않은 것 같아서 그때는 제 이야기를 주제로 순수 사진을 했어요. 그리고 강아지 사진을 찍더라도 제가 운영하는 스튜디오에서 찍게 되면 상업 사진으로 분류가 되는데, 반대로 졸업 전시회에 반려동물 사진들을 전시하면 그건 순수 사진이 될 수 있어요. 저는 지금 제가 하고 있는 작업이 상업 사진이면서 순수 사진에 속한다고 생각해요. 저는 제가 좋아하는 피사체를 사진에 담을 뿐이지, 순수 사진에서 상업 사진으로 넘어왔다고는 생각하지 않습니다. 제가 찍은 사진은 순수 사진에서 비롯되고 상업 사진으로 응용된 것일 뿐, 순수 사진이 아니라고는 생각하지 않아요. 저는 강아지 사진을 무조건 돈을 받고 찍는 게 아니라, 유기견의 입양을 위해 유기견의 감정을 담아내는 사진 작업 봉사를 하는 등 여러 면에서 재능 기부도 하고 있어요.

Question 스튜디오를 열기 위해 어떤 준비를 하셨나요?

대학생 때부터 '막연하더라도 나의 목표를 실현하기 위해서 해야 할 일을 조금씩 해 나가고 싶다', '내가 하고 싶은 일을 하려면 어떠어떠한 것이 필요하다', '지금은 힘들더라도 나중에는 꿈을 이룰 수 있을 거다'라는 저의 생각들을 틈틈이 글로 적어 놨었고, 대학교를 졸업하고서는 그동안 목표로 삼은 것을 실현하기 위해 차근차근 노력했어요. 일단 대학을 졸업하고 좋은 기회가 있어서 대학교 중앙 도서관 고문헌 자료실에 곧바로 취직을 했어요. 그곳에서 종이로 된 문헌을 디지털베이스화하는 일을 하게 되었는데, 그중 촬영, 편집 부분에서 일했어요. 그렇게 2년을 지내면서 똑같은 반복 작업에 몸과 마음이 지쳐갔어요. 정신적으로 힘들어서 그런지 건강했던 몸도 무너지기 시작했죠. 그때는 제가 하고 싶은 것을 하지 못해서 답답했어요. 사진을 찍는다는 것 자체만으로도 행복하게 살 수 있을 줄 알았는데, 돈이 되는 일이라 하더라도 좋아하는 일이 아니라면 정신적으로 힘들다는 것을 뼈저리게 느낀 시기죠. 도서관 자료실 일을 할 때는 몸도 마음도 힘들었지만 이후의 계획을 실현하기 위해 돈을 열심히 모았어요. 기본적인 생활비만 쓰고 대부분의 돈을 저축하면서 살았죠. 그렇게 2년간 모은 돈을 가지고 스튜디오를 차릴 수 있었어요.

    도서관 일을 그만둔 후 약 10개월 동안은 스튜디오를 열 준비를 했습니다. 부동산을 알아보며 스튜디오 촬영을 위한 장비도 하나씩 사고, 홈 스튜디오 촬영으로 제가 키우는 반려동물의 시범 촬영도 해 봤죠. 연습을 많이 해 보니 어떤 식으로 촬영을 하면 될지 감이 잡혔어요. 일을 쉬는 10개월 동안은 놀지 않고 집에 있는 반려동물로 촬영 연습을 하거나 프리랜서로서 반려동물 스냅 사진 촬영도 했어요. 그리고 집에서 시범 촬영한 사진을 블로그에 올려 봤어요. 하지만 블로그 유료 광고는 하지 않았죠. 저는 지금도 블로그와 인스타그램을 직접 관리하는데요. 왜냐하면 광고를 통해 무언가를 알리는 것보다는 제가 직접 정성스럽게 글을 쓰고 사진도 올려야 그 진정성을 사람들이 알아준다고 생각하기 때문이에요. 그러던 중, 아직 스튜디오를 열기도 전인데 블로그를 보고 사진 촬영 문의가 오기 시작했어요. 아직 스튜디오가 없었던지라 홈 스튜디오 촬영을 해야 했는데 그 당시엔 차량이 없어서 집 근처 지역으로만 촬영을 하러 다녔어요. 홈 스튜디오 촬영을 한다면 장비를 다 가지고 이동해야 하는데, 그것 또한 여의치 않아서 초창기엔 홈 스냅 촬영 위주로 촬영을 했어요. 퇴사 후 10개월 정도 지났을 때, 준비가 갖춰져서 드디어 지금의 스튜디오를 열게 되었습니다.

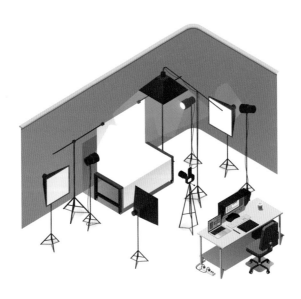

Question **반려동물 사진작가는 어떤 일을 하나요?**

반려동물 사진작가는 초상 사진을 찍는 것이니 사진에 얼굴 모습은 필수로 들어가는 게 좋아요. 반려동물도 가족이기 때문에 쉽게 말하자면 아기 백일 사진, 돌 사진과 비슷하다고 보시면 돼요. 반려동물의 돌 기념, 생일 기념으로 사진을 찍기 위해 많은 분들이 스튜디오를 찾으시죠. 베이비 스튜디오에는 백일 사진과 돌 사진의 정형화된 포맷이 있지만, 반려동물 같은 경우에는 움직임이 많기도 하고 제대로 된 증명사진이 없기 때문에 보통 심플한 초상사진으로 찍는 편입니다.

Question **사진작가가 되려면 어떻게 준비해야 하나요?**

분야에 따라 달라요. 반려동물 사진작가 같은 경우에는 기술이 기본적으로 받쳐줘야 하고, 무엇보다 동물을 무서워하면 안 돼요. 소형견은 괜찮지만 대형견은 무섭다고 해도 안 되고, 강아지, 고양이는 무서워하지 않는데 파충류를 무서워해도 안 되겠죠. 반려동물의 보호자 분들은 사진작가가 자신의 반려동물을 무서워하는 걸 알 수 있거든요. 저희 스튜디오에도 강아지, 고양이만 오는 게 아니라 고슴도치, 토끼, 앵무새 같은 다양한 반려동물이 옵니다. 사진만 찍는 것이 아니라 사진을 찍기 전에 동물을 만져보기도 하고, 간식을 주고 함께 놀아주며 동물의 긴장을 풀어줘야 해요. 보호자 분들도 이런 과정을 중요하게 생각하시고요.

그리고 강아지나 고양이 외에도 햄스터, 토끼, 파충류 같은 동물들의 촬영 문의가 언제 올지 모르기 때문에 항상 준비가 돼 있어야 해요. 파충류 같은 경우는 열이나 빛에 민감해서 더욱 세심한 촬영이 필요한데, 만약 동물을 무서워한다면 집중을 잘 하지 못해 촬영도 제대로 이루어지지 않겠죠. 사실 동물을 좋아하지 않으면 힘든 일이에요. 저는 촬영 시에 동물들을 집중시키려고 소리를 이용하기도 하고, 동물들 대부분이 사람보다 작으니 늘 무릎으로 바닥을 쓸어가며 촬영해요. 이런 것들을 감수할 수 있어야 반려동물 사진작가로 일하기 적합한 것 같아요. 무작정 강아지를 좋아한다고 되는 게 아니에요. 동물을 기본적으로 좋아해야 하고 사진 기술도 있어야 하며 인내심과 끈기도 필요합니다.

Question **반려동물 사진작가로 일하면서 가장 기억에 남는 에피소드가 있으셨나요?**

스튜디오에 늙거나 아픈 개들이 많이 와요. 그래서 촬영을 하고 나서 일주일 만에 하늘나라로 가는 경우도 있는데, 이때 보호자 분들이 제게 전화를 해 오시는 경우가 간혹 있어요. 그럴 때는 슬프면서도 기억에 오래 남아요. 동물과 최대한 교감을 하고 사진을 찍기 때문에 기억에 남는 거죠. 스튜디오를 막 오픈 했을 때었는데, 한 반려동물이 사진을 찍고 나서 일주일 만에 하늘 나라로 갔다는 전화를 받고 눈물이 났는데 밖이어서 꾹 참았던 기억이 있어요.

Question **부모님의 반대는 없었나요?**

부모님은 제가 직장에 다니시길 원하셨어요. 스튜디오를 운영하고 싶다고 말씀드렸더니 반대하셨죠. 순수 사진을 전공했으니 갤러리 같이 안정적으로 월급이 들어오는 직장에 다니면 안 되겠냐고 말씀하셨어요. 하지만 저는 부모님께 하고 싶은 일이 있고, 준비를 잘 해볼 테니 응원을 해주셨으면 좋겠다고 말씀드렸어요. 제가 구상했던 계획을 보여드렸더니 믿어 주셨어요.

반려동물 사진작가의 어떤 매력에 빠지게 되었나요?

　　같은 반려동물에게서 다양한 모습을 포착할 수 있어요. 동물들은 웃는 것 같다가도 정색을 할 때도 있고, 혀를 살짝 내밀며 웃는 것 같은 표정을 보여주거나 윙크를 할 때도 있어요. 짧은 순간 동안 많은 모습을 볼 수 있는 점이 재미있죠. 사람도 전문 모델들은 다양한 표정을 지을 수 있지만, 보통 사람들은 다양한 포즈를 취하거나 표정을 짓기 어렵잖아요. 동물들은 웃으라고 하면 웃지 않아요. 대신 자신들이 기뻐야 웃지요. 장난감을 가지고 놀아주다가 장난감을 치우면, 반려견들이 잠시 생각을 하다가 엉뚱한 표정을 짓기도 해요. 이렇듯 정해진 포즈나 표정이 아닌 예측 불가능한 표정을 찍을 수 있어서 좋아요. 견주 분들도 평소에 볼 수 없었던 표정을 사진을 통해 보시고는 뿌듯해 하시고요.

사진작가라는 직업에 본인의 성격이 도움이 되거나,
혹은 성격 때문에 어려운 점이 있나요?

　　저는 순간 암기력, 순간 집중력이 좋아서 촬영을 하러 왔던 반려동물을 대부분 기억해요. 반려동물 박람회 같은 자리에 가서 사진을 찍는 일도 자주 하는데, 제가 카메라로 작업을 할 때는 반려동물을 많이 보기 때문에 사실 상대적으로 견주 분들이 기억 속에 오래 남지는 않아요. 하지만 반려동물들은 렌즈 속에서도 보이고 모니터 속에서도 볼 수 있기 때문에 기억에 오래 남죠. 그래서 다음 번 반려동물 박람회에 견주 분이 다시 오셨을 때 데리고 오신 반려동물을 가리키면서 "애 저번에 ○○이 아니에요?"라고 물어보면, 예쁜 내 아이를 기억해줘서 고맙다며 정말 좋아하시더라고요. 학창 시절에도 순간 암기력과 순간 집중력이 좋아서 공부할 때 도움을 많이 받았지만 제가 좋아하지 않는 것이라면 기억이 오래가진 못하더라고요. 반대로 제가 좋아하는 일을 하면 기억에 오래 남는다는 것을 깨닫게 됐어요. 그래서 저의 이런 면을 이용해서 반려동물지도관리사 공부를 하고 자격증을 취득했어요. 반려동물 사진에 있어 반려동물을 케어 하는 것은 참 중요한 부분인데, 그것을 객관적으로 증명하는 것은 자격증 밖에 없기 때문이죠.

저의 외향적인 면도 도움이 많이 됐다고 생각해요. 반려동물에게 먼저 다가가서 말을 걸고 친해지기가 좀 더 수월해요. 꼭 반려동물 사진작가가 아니더라도, 사진작가는 대개 모르는 사람을 만나고 다양한 장소로 이동할 일이 많기 때문에 내향적인 것보다는 외향적인 성격이 유리하지 않을까 싶어요. 하지만 본인이 내향적이어도 연습을 통해서 개선할 수 있어요. 처음에는 어려울지라도, 강아지를 보면 먼저 다가가서 예뻐해 주고 놀아주는 것부터 연습하면 되니까요.

Question 힘든 시기를 이겨낼 수 있었던 방법은 무엇인가요?

낙천적이고 긍정적인 성격이라 몸이 조금 힘들어도 금방 다시 힘을 내요. 대학교 도서관에서 일하던 시기는 금전적으로도 많이 힘든 시기였는데, 내가 열심히 해야 원하는 일을 할 수 있다는 생각으로 이겨냈어요. 힘든 일이 있더라도 부정적인 감정에 갇혀 있는

게 아니라 이겨내는 방법을 계속 찾았죠. 차량이 없는 이들의 창업을 돕고자 자동차를 지원해주는 'H 기프트카' 캠페인에 선정된 것도 큰 힘이 되었고요.

일을 할 때 중요하게 생각하는 원칙은 무엇이 있나요?

가장 중요한 원칙은 반려동물과의 교감입니다. 그 다음이 사진이죠. 무턱대고 사진 촬영을 해서는 안 돼요. 저는 우선 동물들의 성격 파악을 해요. 예를 들어 공격성이 있거나, 너무 소심하다든지 다른 동물을 봤을 때 흥분하는 반려동물이라면 앞뒤 촬영 일정에 더욱 신경을 써야 해요. 또, 사람을 너무 좋아하는 반려동물에게 아는 척을 하면 반려동물이 흥분할 수도 있어서 그럴 땐 오히려 동물을 보고도 모르는 척을 해요. 이렇게 반려동물의 성격 파악을 하고 어느 정도 친근해진 후에 사진 촬영에 들어갑니다.

반려동물 촬영은 일반 사진 촬영보다 이전 단계에 비중을 많이 둬야 해요. 반려동물들은 사람처럼 오랫동안 집중을 하지도 않고 스트레스도 잘 받기 때문이죠. 사람들은 보통 오래 촬영하다 보면 자연스러운 표정이 나오는데, 반려동물들은 오히려 지쳐서 싫다는 표현을 하기 시작해요. 그래서 컨디션이 최고조에 도달했을 때 최대한 빨리 촬영을 끝내야 합니다. 활발한 반려동물은 촬영이 15분 내로 끝나는 경우도 있고, 집중하는 시간이 짧은 반려동물은 3분 촬영하고 어느 정도 놀아준 뒤 다시 촬영에 들어가는 식으로 진행하기도 해요. 반려동물들의 성격에 따라 촬영 방식을 다르게 해야 하는 것이죠. 성격 파악, 친근함, 그리고 동물의 컨디션. 이 세 가지가 반려동물 사진 작업에 있어서 가장 중요합니다.

사진작가는
추억을 담아주는
사람

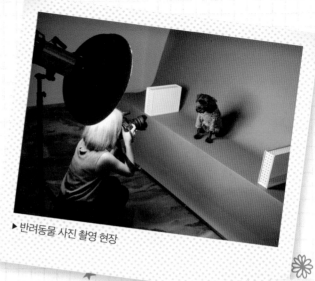

▶ 반려동물 사진 촬영 현장

▶ 나의 좌우명은 '모든 것에 솔직하고, 진정성 있게 대하자.'

▶ 추억을 사랑하는 사람

Question 사진작가로서 바람이 있다면요?

저의 최종 꿈은 반려동물과 유기동물이 공존할 수 있는 복합 공간을 만드는 것이에요. 한 층에는 동물을 촬영하는 스튜디오 공간을 만들어 지금처럼 반려동물의 소중한 순간을 기록하고 추억해 주는 동시에, 유기동물의 입양에 도움이 되는 사진도 함께 촬영하고 싶어요. 다른 층에는 반려동물 동반 입장이 가능한 카페를 만들어 카페 수익금과 포토 상품 판매 수익금으로 후원도 하고 싶고요. 저의 또 다른 목표는 제가 촬영한 동물 사진들로 전시회를 여는 것인데, 이러한 복합 공간이 만들어진다면 그 안에 전시를 위한 갤러리도 만들 생각이에요.

Question 사진작가로서 뿌듯했던 적은 언제인가요?

반려동물 스튜디오 고객 분들이 인터넷에 후기를 올려주세요. 저는 따로 돈을 지불하고 광고를 하지 않는데도, 견주 분들이 SNS에 '여기서 찍어야 한다', '여기가 잘 찍는다' 하고 평을 올려주실 때 가장 뿌듯해요. 이제는 행사 등에서 제 브랜드를 발견하고 "여기가 거기잖아, 꼭 찍어야 해", "여기가 표정을 제일 잘 잡아요"라고 말씀해주시는 분들도 있는데, 이런 것 하나하나가 뿌듯해요.

유기동물 관련 재능 기부를 할 때는 제가 찍은 사진을 보고 "이 아이가 이렇게 예뻤어요?"라고 하시는 분들도 많아요. 사실 유기견은 관리가 잘 안돼서 지저분하다는 인식이 있는데, 털을 정리하고 샤워도 해 준 후에 예쁘게 사진을 찍으면 반려동물인지 유기동물인지 구분이 되지 않아요. 많은 분들이 제 사진을 보신 후 입양율이 높아지면 뿌듯함을 느껴요.

Question 현재 가장 많은 배움을 얻는 곳은 어디인가요?

　책, 영상을 많이 봐요. 저 스스로 많이 찾아보려고 노력하고, 강의를 듣기도 해요. 스스로 필요하다고 느끼는 반려동물 훈련 방법 등 관련 프로그램을 찾아보고, 사진 기술 쪽으로는 외국 반려동물 사진작가들의 작품을 많이 찾아봐요. 반려동물과 사진에 관련된 것은 최대한 많이 찾아보고 공부하고 있어요.

Question 매력적인 사진이란 무엇이라고 생각하시나요?

　사람의 발길을 끄는, 시선을 사로잡는 사진. 사람마다 매력을 느끼는 포인트가 다르기 때문에 봐주는 사람이 한 명이라도 있으면 매력 있는 사진이라 생각해요. 다른 사람에게는 시시해 보이더라도 누군가에는 매력적으로 보일 수 있기 때문에, 사진을 봐주는 사람이 단 한 명이라도 있다면 그게 바로 매력적인 사진 아닐까요?

Question 훌륭한 사진작가란 무엇이라고 생각하나요?

　자신의 사진에 대해 자세하고 충분하게 설명할 수 있는 사진작가라고 생각합니다. 사진을 찍을 때의 기분, 색감, 찍은 이유, 마음가짐을 표현하는 방식 등, 자신의 작품을 설명할 수 있어야 한다고 생각해요.

사진작가라는 직업을 한마디로 표현한다면요?

사진=추억. 사진은 곧 추억입니다. 사진작가는 추억을 담아주는 사람이라고 생각해요. 제가 항상 내거는 슬로건은 '반려동물 평생 함께', '사랑스러운 반려동물과 소중한 추억을 담아 드립니다.'입니다. 저는 대학생 시절에도 추억을 굉장히 중요시해서 추억을 주제로 한 작품으로 졸업 전시를 했는데, 반려동물을 촬영하는 일도 그 자체로 추억이 될 수 있어요. 반려동물과 반려동물의 가족들에게 추억을 담아 준다고 생각해요. 단지 잘 나온 사진을 드리는 게 아니라 지금 이 순간, 반려동물과의 추억을 사진 안에 담는다고 생각하고 촬영에 들어가요. 그래서 저는 사진작가는 추억을 담아주는 사람이라고 생각해요.

꿈을 찾아가는 학생들에게 한마디 해주신다면요?

제 경험상, 어렸을 때부터 무조건 어떠어떠한 직업을 가져야겠다고 생각하고 그 목표에만 집중을 하면 놓치게 되는 부분도 많은 것 같아요. 그러다 보면 자연스럽게 시야가 좁아질 수밖에 없어요. 한 가지에만 집중해서 달리면 다양한 경험을 하지 못하게 돼서, 여러 면을 보지 못하고 결국 시야가 좁아질 수 있다는 것이죠. 특별히 무엇인가가 되고 싶다고 정해놓은 사람이더라도, 정해놓은 한 가지에만 몰두하지 말고 그것에 도움이 될 것 같은 다른 경험도 골고루 하는 게 좋아요. 과거의 경험이 언제 어떻게 도움이 될지 모르거든요. 저는 사진작가가 되었을 때, 초등학생 때 운동을 한 것이 도움이 됐어요. 무거운 장비를 들거나 빨리 움직여야 할 때, 그리고 순발력이 필요할 때, 운동을 한 과거의 경험이 도움이 된 거죠. 그래서 학생 때 다양한 경험을 하는 것이 중요합니다. 사회생활을 하면 시간이 더 없어져서 다양한 경험을 하기 힘들어지고, 일단 사회에 나가는 것 자체는 실전이기 때문에 그제야 무언가 경험을 하기는 늦다고 생각해요.

저는 사회생활은 학창 시절의 경험을 토대로, 실전 감각을 쌓아가며 응용하는 과정이라 생각해요. 반려동물 사진작가가 꿈이라고 해도 반려동물 사진 분야만 공부하고 경험하는 것이 아니라, 다른 분야의 사진의 구도나 기본적인 기술도 경험하는 거죠. 이렇게 얻은 지식이나 기술은 반려동물 사진에도 접목할 수 있기 때문에, 다양한 경험을 하는 것이 중요하다고 말씀드리고 싶어요.

Question 좌우명은 무엇인가요?

'모든 것에 솔직하고, 진정성 있게 대하자.' 동물에게든 사람에게든, 공적으로든 사적으로든, 저는 가면을 쓰고 연기하는 것이 싫어요. 협업부터 거래 계약에 이르기까지 모든 것에 있어서 진정성을 빼놓을 수는 없는 것 같아요. 모든 것을 진정성 있게 대하자는 것이 저의 목표이자 좌우명입니다.

Question 사진작가 이유진은 어떤 사람인가요?

추억을 사랑하는 사람. 추억을 사랑하고 추억을 잃어버리기 싫어하는 사람.

대기업 회사원을 그만두고 취미로 시작한 사진을 본업으로 스트리트 사진작가가 되었다. 2년간 중고차 한대로 세계를 누비며 길거리 풍경과 패션 화보 사진을 찍었다. 자신만의 주제로 자신만의 확고한 사진 예술을 추구하는 사람으로서 누군가에게 영감을 주며 죽을 때까지 하고 싶은 것을 하고 사는 것이 그의 바람이다.

사진작가
김병준

주요 활동
- 2018 올림푸스 카메라 글로벌 프로 작가 초청
  사파리 투어 한국 대표 참석 및 촬영
- 2018 두산 백과사전 국내외 유적지 및
  관광지 이미지 촬영(베트남, 아이슬란드 등 20개국)
- 2017~ 올림푸스코리아, 니시필터코리아
  소속 프로 작가 활동 중
- 2016~2018 유라시아 대륙 횡단
- 2016 플레이노모어 16 S/S 시즌 가방 해외 캠페인 촬영
- 2016 STCO 16 S/S 시즌 의류 해외 캠페인 촬영
- 2016 코오롱 스포츠 16 S/S 시즌 의류 해외 캠페인 촬영
- 2016 퓨마코리아 16 S/S 시즌 신발 해외 캠페인 촬영
- 2016 뉴발란스키즈 16 F/W 시즌 의류 캠페인 촬영
- 2015 플레이노모어 15 F/W 시즌 의류 해외 캠페인 촬영
- 2015 아레나스포츠 15 F/W 시즌 의류 해외 캠페인 촬영
- 2015 (주)세정 센터폴 15 F/W 시즌 의류 해외 캠페인 촬영
- 2014 베이직하우스 마크브릭 15 F/W 시즌 의류 해외 캠페인 촬영
- 2014~2018 스페쿨룸, 칼린, SUPER 등 각종 선글라스 브랜드 해외 패션
  위크 PPL 정기 촬영

- 대학교 건축학과 졸업

사진작가의 스케줄

김병준
사진작가의
하루

22:00 ~
▸ 취침

NEWS
05:00
기상
05:30 ~ 09:00
▸ 일출 촬영

19:00 ~ 22:00
▸ 촬영 결과물 정리
및 휴식

09:00 ~ 10:00
▸ 촬영 후 식사
출근 준비

17:00 ~ 19:00
▸ 퇴근 및 저녁 식사

10:00 ~ 17:00
▸ 갤러리 운영 및 스튜디오 촬영
(촬영 결과물 정리)

마술사와
회사원, 그리고
사진작가

▶ 4년 수석으로 마친 대학교 졸업식 날

▶ '스트리트 포토그래퍼'로서 활동하던 시절

▶ 2년간의 세계 여행을 함께한 차

작가님의 학창 시절은 어땠나요?

저는 중학교, 고등학교 때 마술을 했습니다. 마술이 제 직업이자 취미였죠. 대구에 있을 때는 마술 팀에 몸담고 있었어요. 마술 공연을 하면서 돈을 벌었습니다. 공연에도 나가고 비둘기도 키웠죠. '대마사(대구의 마술을 사랑하는 사람들)'라는 온라인 카페에서 활동을 하다 특히 마술을 잘 하는 사람 3명과 함께 마술 팀을 꾸렸어요. 마술사로 활동한 건 고2 때까지였습니다. 마술이 정말 좋기도 했고, 좋지 않은 가정 형편 속에서 나름의 일탈을 했던 것 같아요.

Question 학창 시절, 장래희망은 무엇이었나요?

저는 단순히 마술사가 되고 싶었어요. 마술사는 저의 꿈이었어요. 고2 때 부모님께 마술사를 하겠다고 말씀드렸어요. 하지만 집안 형편도 안 좋다 보니 부모님께선 많이 반대하셨죠. 그래서 고2 때 처음 공부를 시작했어요. 돈을 많이 벌기 위해 직업을 찾아보니, 건축 시공 엔지니어가 제가 진학할 수 있는 선에서 돈을 가장 많이 벌 수 있는 연관 직업이더라고요. 그래서 대학교 건축학과에 진학했어요.

대학에 간 후 처음 1년 동안은 정말 힘들었어요. 공부를 안 하면 안 되겠다는 생각이 들어서 집에도 잘 가지 않고 도서관에서 살다시피 하며 열심히 공부했죠. 그리고 대학생 때는 막연히 돈을 많이 벌 수 있는 회사를 찾았어요. 4년 수석 졸업을 하고 군대를 장교로 갔다 와서 바로 취업을 했는데요. 막연히 돈을 많이 벌 수 있는 회사를 찾다가 대기업인 금호아시아나에 들어갔습니다.

Question 회사 생활은 어떠셨나요?

　공사 현장에서 인부, 공사 진행 사항을 확인하는 건설 시공 관리를 했습니다. 회사가 남초 집단이다 보니까 군대의 연장이기도 했고 자기 삶이 없는 것이 힘들었어요. 회사에서 건설 현장 바로 옆에 숙소를 잡아주기 때문에 숙소 생활을 했는데, 사원부터 부장까지 모두가 함께 숙소 생활을 하는 것이었죠. 그렇다 보니 퇴근해도 다시 출근하는 느낌이었어요. 회사가 어려워지고, 제가 존경하는 신배들이 회사에서 나가시게 되는 걸 보고 나도 선배들처럼 될 수 있다는 생각이 들어 불안했어요.

Question 사진을 하시게 된 계기는 무엇인가요?

　처음에는, 그러니까 대학생 때는 카메라가 멋있어 보여서 사진을 찍기 시작했는데 그러다 보니까 계속 카메라를 들고 다니게 되었어요. 서로 사진을 찍어주고 찍은 사진을 보내주고, 보내주면 좋아하고, 받은 사진을 소중히 간직하는, 그런 것들이 좋아서 시작했죠. 처음에는 사진을 직업으로 할 만큼 잘 찍지는 못했어요. 막연히 나중에 사진 일을 하면 좋겠다는 생각은 했지만요.

　회사 생활은 표면적으로는 별일 없이 계속되었지만, 마음 한 구석 불안함이 커져 가면서 자연스럽게 내가 하고 싶은 일인 사진을 하고 싶다는 생각이 들었어요. 고민 끝에, 그렇다면 설사 불안하더라도 내가 하고 싶은 일을 하면서 불안하자는 결론을 내렸고 회사를 그만두게 되었어요. 회사를 그만두자 대학생 때부터 취미였던 사진을 할 수 있게 되었죠.

　회사를 다녔을 때도, 회사를 나오고 나서도 불안한 것은 마찬가지였어요. 하지만 다른 종류의 불안감이었죠. 회사에서 느낀

▸ 사진작가의 생생 경험담

불안감은 제가 선택할 수 있는 불안감이 아니었지만, 회사를 그만두고 나서 느낀 불안감은 제가 선택한 불안감이기 때문에 나쁘지 않았어요. 힘들고, 돈을 적게 벌더라도 내가 하고 싶은 일을 할 수 있게 되어서 좋았죠.

Question **부모님의 반대는 없었나요?**

마술을 할 때도 그렇고, 사진을 할 때도 그렇고, 사실 막연하잖아요. 부모님께선 그런 삶을 원하시지 않았던 것 같아요. 저는 학창 시절에 IMF 외환 위기를 겪었던 세대라 부모님께서는 제가 공무원처럼 안정적인 직업을 갖기를 원하셨어요. 사진을 시작하기 전 회사를 그만둘 때는, 부모님이 걱정하실까봐 회사에서 해고됐다고 거짓말을 하고 그만두기도 했죠.

　처음에는 사진을 잘 찍지 못해서, 사진에 대해 고민도 해보고 독학으로 공부도 했어요. 워킹홀리데이로 호주에 갔을 때는 일과를 마친 후 길거리를 찍었어요. 길을 찍다 보니까 걷는 사람을 찍게 되고, 그것이 스트리트 패션 사진이 되었어요. 처음에는 길에서 찍었던 친구들의 사진으로 포트폴리오를 만들었습니다. 누군가 제게 옷을 보내 주면, 저는 그 옷을 입은 모델의 사진을 찍어 보내주는 작업을 했죠. 당시엔 몰랐는데 돌이켜 보면 제가 패션 화보를 제안하고 있었던 거예요. 저는 제가 사진을 하는 사람이라는 것 그 자체가 좋았어요. 수입은 적었지만 소소하게 포토그래퍼로서 클럽 촬영 의뢰도 받고, 특히 길거리 사진을 찍을 때는 내가 사진을 찍고 있고, 진정으로 좋아하는 일을 하고 있다는 생각이 들었죠. 그때는 돈을 얼마 버느냐가 중요한 게 아니었어요. 제가 하고 싶은 것을 하는 게 중요했죠.

　당시 호주에서 청소 일을 하면서 사진을 찍는 생활을 했는데, 새벽 4시에 일어나서 청소를 하고 오후 3시쯤 일이 끝나면 그때부터 해질 때까지 사진을 찍었어요. 워킹홀리데이로 호주에 가 있던 3개월 간 하루도 빠짐없이 사진을 찍어 SNS에 올렸는데, 우연히 누군가 그걸 보았는지 인터뷰 요청이 들어왔어요. 작은 잡지사에서 인터뷰를 했는데, '스트리트 포토그래퍼 김병준'이라는 이름으로 잡지에 실렸더라고요. 그때 제 직업이 '스트리트 포토그래퍼'인 것을 처음 알게 됐어요.

▶ 세계 여행 중, 에펠탑 앞에서

원하는 장면을
얻기 전까지
타협은 없다

▶ 세계 여행 중, 포르투갈 포르투의 동 루이스 다리 근처에서 저녁 식사

▶ 세계 여행 중, 아이슬란드에서 촬영한 오로라

사진작가로서 기억에 남는 활동은 무엇인가요?

2년 동안 중형차를 끌고 세계 여행을 하면서 사진을 찍은 것이 가장 기억에 남아요. 중고 중형차 한 대를 170만 원 주고 사서, 2년 동안 타고 다니면서 여자 친구와 세계 여행을 했어요. 동해항에서 배를 타고 러시아 블라디보스토크로 이동했고, 그 후로는 계속 육로로 여행을 했어요.

저는 여행 내내 제가 마주친 풍경들을 많이 찍었어요. 5년 정도 사진 작업을 했는데, 3년은 패션 사진을 했고 2년은 풍경 사진을 한 셈이죠. 풍경 사진을 찍으면서 자연을 소홀히 할 수 없다는 생각이 들었어요. 저는 좋은 풍경을 만나기 위해 기다리고, 또 원하는 장면을 찍기 위해 기다렸어요. 그러면서 제가 원하는 장면을 위해 자연을 좌지우지할 수는 없으니, 자연은 본연의 모습 그대로 둬야 한다는 생각도 많이 들었죠. 내가 마주한 자연은 내 것이 아니구나 하는 생각이 들었습니다.

자동차로 세계 여행을 하게 된 계기는 무엇인가요?

저는 원래 여행을 좋아해서, 대학생 때도 겨울방학 동안 아르바이트를 해 모은 돈으로 여름방학에 해외여행을 가곤 했어요. 예전에 유럽을 여행하고 집에 오기 위해 시베리아 횡단 열차를 탄 적이 있었는데, 그때 본 기차 밖 풍경이 정말 예뻤어요. 밖을 더 구경하고 싶었지만 기차 안이라 멈출 수가 없었죠. 그래서 다음에는 내가 멈추고 싶을 때 멈출 수 있는 여행을 하자고 마음먹었고, 그게 자동차 여행으로 실현된 것이에요. 풍경 앞에 마주서고 싶을 때 서고, 찍고 싶을 때 찍을 수 있는 여행을 하고 싶었거든요.

자동차 여행을 하면서는 '지구의 조각을 모으다'라는 표현을 많이 썼어요. 사진 작업을 할 때도 지구의 조각을 사진으로 모은다는 목표를 삼고 작업을 했고요. 여행을 하면서 돈이 필요하면 중간에 화보 사진을 찍기도 했고요. 여행 1년차일 때, 자동차 여행에 더 집중하고 싶어서 하고 있던 일을 후배들에게 도중에 인수인계했어요. 그렇게 2년 동안 유라시아 대륙을 횡단하며 약 21개국에 다녀왔습니다.

Question 　사진이 매력적인 이유는 무엇인가요?

사진작가는 보통 사람과 보는 시선이 조금 다르다고 생각해요. 시선은 눈에서부터 비롯된다고 하는데 저는 감성으로부터 비롯된다고 생각해요. 사물을 보는 시선이 보통 사람의 시선과는 다르다는 점이 매력적이죠. 예를 들어, 같은 나무를 보더라도 보통 사람들이 보는 나무와 사진작가가 보는 나무는 조금 다르다고 생각해요. 그리고 사진작가 개개인마다 느끼는 것 또한 다 다르고요. 사진작가들은 자신이 본 것과 느낀 것을 사진으로 기록하는데, 제가 원하는 장면을 마주할 때는 정말 행복합니다. 저는 집 근처 20분 거리에 있는 숲길을 매일 걷는데, 사람들은 왜 매일 같은 숲에 가느냐고 물을 수 있어요. 하지만 매일 같은 숲길을 걷더라도 날마다 다른 것을 느낄 수 있죠. 같이 가는 사람 때문에 다르게 느껴질 수도 있고, 혼자 가도 또 다른 느낌일 수 있고요. 내 기분에 따라, 날씨에 따라, 계절에 따라 같은 공간도 다르게 보일 수 있고, 시간이 흐르면 새싹이 자라고 나무도 자란 것이 느껴져요. 저한테는 이런 것이 엄청난 매력으로 다가오죠. 그래서 사진작가 하는 것 같아요.

Question 지금 하시는 일에 대해 설명해 주세요

저는 다양한 일을 하고 있어요. 지금 머무는 공간에서 커피도 내리고, 펜션도 운영하고, 제가 하고 싶은 사진도 찍고 있죠. 특히 제가 머무는 곳인 제주도의 남원을 사진에 담고 있습니다. 남원은 제주도 내에서 관광지로 잘 알려지지 않아서, 사진을 찍어 사람들에게 남원을 알리고 싶어요. 이외에도 예술 계획, 전시 기획 등의 일을 하며 제 여행에 대한 책도 쓰고 있습니다.

Question 사진작가 생활을 하면서 자부심과 뿌듯함을 느낀 적이 있으신가요?

전시회를 열었을 때, 전시장에 고모님이 오셨는데 고모님이 제 사진을 보시면서 우셨어요. 고모님은 고향이 대구라서 대구 안에서만 사셨는데, 이전까진 세상이 이렇게 넓은 줄 모르셨대요. 그리고 제가 다양한 풍경들을 마주하며 찍은 사진을 전시할 때, 관객 분들이 제가 찍은 사진 속 풍경을 가리키며 죽기 전에 여기에 꼭 가보고 싶다는 말을 해주실 때 특히 뿌듯해요. 사진에는 감상자에게 의욕이나 영감을 불어 넣어주는 힘이 있다고 생각합니다. 그래서 지구의 조각을 모으는 작업을 계속해야겠다는 생각도 많이 하죠.

Question 자신만의 원칙은 무엇인가요?

타협하지 않는 것입니다. 원하는 그림을 마주하기 위해서 '이 정도면 됐지' 하고 타협하지 않는 것이 저의 원칙이에요. 머릿속에 그리는 장면을 현실에서 표현하는 것이기 때문에 사실 100% 만족할 수는 없어요. 그래서 최대한 상상 속의 원하는 장면을 얻기 위해 같은 장소에 100번도 가고 200번도 가지 않나 싶어요.

불안을 해결하는 방법이 있으신가요?

불안하면 정신없이 사진을 찍어요. 일과 작업은 다른 것 같아요. 돈을 벌기 위해 일을 하는 것인지, 자기 작품을 위해 작업을 하는 것인지에 따라 다르죠. 지금 제가 하는 일 중 펜션 등의 공간을 관리하는 것은 돈을 벌기 위한 일이고, 사진작가로서의 작업은 따로 하고 있죠. 사실 무엇을 하든 불안한 것은 똑같아요. 돈을 적게 벌든 많이 벌든, 불안한 것은 똑같은 것 같아요. 하지만 저는 제가 좋아하는 일을 하고 있으니까 불안해도 좋은 거죠.

직업에 본인의 성격이 도움이 된 적이 있나요?

제가 경험했던 모든 것이 도움이 되었던 것 같아요. 제가 마술을 할 때 사람들 앞에서 공연했던 경험이 전시를 열거나 글을 기고할 때 부담 없이 할 수 있게 해 주었고, 장교 생활을 했던 것도 전시를 기획하는 과정에 도움이 됐어요. 제가 거친 일련의 과정들이 다 도움이 된 거죠. 저는 필요 없는 시간은 없다고 생각합니다. 여러 경험이 있었기에 지금의 제가 있는 것 같아요. 저의 활발하고 말하기 좋아하는 성격이 결국에는 사진을 찍고 전시하고 사람들에게 작품을 설명해 주는 일에 긍정적인 도움이 되었다고 생각해요.

사실 저는 작업에 대한 고집은 있지만 한편으로는 우유부단한 면도 많은데요. 우유부단한 면은 제가 같은 장소를 가도 다르게 느낄 수 있도록 해 주는 것 같아요. 또 A라는 코스를 간다면, 저는 그 A라는 코스를 이렇게도 가보고 저렇게도 가보며 한 가지 방법이 아닌 다양한 방법을 연구하는 편입니다. 이런 성격도 제가 지금의 일을 하는 데 도움이 돼요.

▶ 세계 여행 중 촬영한 프랑스 몽생미셸 수도원

내 꿈은
내가 하고
싶은 것을
하는 것

▶ 세계 여행 당시의 모습

▶ 최근의 모습

Question 작가님에게 도움을 주신 분이 있나요?

김형욱 사진작가님이요. 제가 막연하게 사진을 찍고 있을 때, 누군가 도움을 주는 사람이 있었으면 좋겠다고 생각했는데 김형욱 작가님이 제게 조언을 적은 메시지를 보내주셨고, 작업 방향에 대해서도 많은 조언을 해주셨어요. 라이프 스타일이나 사진작가로서의 지향하는 바가 서로 통해서 작업도 같이 하게 되었고요.

Question 추구하는 가치와 방향은 무엇인가요?

고등학교 때는 계속 마술을 하는 것이, 대학교 가기 직전에는 대학교에 가는 것이, 대학교 때는 돈을 많이 주는 회사에 가는 것이 꿈이었어요. 하지만 회사를 그만두고 나서는 저의 꿈을 무엇이라고 단정 짓지 않았어요. 어디에 가야겠다, 무엇을 해야겠다가 아니라 내가 하고 싶은 것을 하고 사는 것이 꿈이자 삶의 방향이 되었죠. 그리고 그 매개체는 사진이에요. 제가 작은 공간을 운영하는 걸 보고 사진을 그만뒀다고 여기는 사람들도 있을 수 있는데, 사실 저는 더 좋은 사진을 찍기 위해 이 공간을 운영하고 싶은 거예요. 저는 죽을 때까지 제가 하고 싶은 것을 하고 싶습니다.

사진작가에 대한 편견과 오해가 있다면요?

사진 한 장, 셔터 누르면 나오는 거 돈을 왜 그렇게 많이 받냐, 돈 못 번다 하는 말을 많이 들죠. 그리고 요즘엔 좋은 스마트폰이 많잖아요. 요즘 스마트폰으로 사진 찍지, 누가 사진작가한테 돈을 주고 맡기냐는 말도 들어요. 돈을 쉽게 번다고 말하는 분도 있고요.

이런 편견과 오해는 결국 내가 좋은 결과를 보여주면 해결되더라고요. 사진작가에 대한 편견과 오해 섞인 말들은 제가 어정쩡한 모습을 보일 때 들었던 말이에요. 저는 여전히 고민하고, 성장을 위해서 열심히 공부하고 있어요. 편견은 결과로 증명하면 벗어날 수 있는 것 같아요. 아직은 좀 더 많은 시간이 걸릴 것 같지만요. 전시를 하여 제 결과물을 증명하고, 사람들에게 평가를 받고, 평가를 바탕으로 다음 작업을 더 잘하기 위한 고민을 하고… 이런 작업에 대한 고민은 당분간 계속 이어질 것 같습니다.

Question **사진작가에게 필요한 자질은 무엇인가요?**

고집과 인내가 중요해요. 원하는 장면을 얻을 때까지 같은 곳에 가고 또 가는 고집과 인내가 필요해요. 같은 장소라도 시간에 따라 다르게 보이기 때문에 원하는 장면을 찍기 위해서는 기다리고 또 기다리는 인내와 고집이 필요하죠. 이건 사진작가의 기본인 것 같아요

자신의 작업이 무르익는 데는 10년 정도 걸리는 것 같아요. 10년도 짧을 수 있어요. 그건 사람마다, 또 얼마나 노력하느냐에 따라 다 다르겠죠. 저는 아침 일찍 일어나서 사람들이 미처 잘 보지 못하는 시간대의 풍경이나 사람들이 무심코 스쳐 지나가는 순간들을 사진에 많이 담습니다. 많은 사람들이 일출 무렵엔 아직 잠을 자고 있고 일몰 때는 집에 돌아가기 바쁜데, 그 시간대에 사진을 찍는 것이 가장 다이내믹해요.

Question 훌륭한 사진작가란 어떤 사진작가인가요?

자기 신념이 확고한 사람, 자신만의 주제가 있고 자신만의 작업에 대한 생각이 확고한 사람, 그리고 자신의 신념으로 작품 활동을 하는 사람이요. 예술은 너무 다양해서 단 한 마디로는 정의할 수 없네요.

Question 앞으로 어떤 사진작가가 되고 싶은가요?

사진작가로서의 김병준은 누군가에게 영감을 주는 사람이었으면 좋겠어요.

Question 앞으로의 계획은 무엇인가요?

죽을 때까지 하고 싶은 것을 하는 것입니다.

Question 김병준 작가님이 생각하는 사진작가란 무엇인가요?

시간을 기록하는 사람.

'일단 찍어라. 하고 싶으면 일단 찍어라.' 저도 처음에는 정말 막막했거든요. 그런데 일단 찍고 그 후에 고민을 하다 보니 지금의 제가 있게 된 것 같아요. 사진작가의 삶이 쉽지는 않아요. 요즘엔 좋은 카메라도 많고, 누구나 살 수 있어요. 스마트폰으로 찍어도 사진이 매우 잘 나오죠. 스마트폰사진사가 따로 있기도 하고요. 사진작가는 진입 장벽은 낮은데, 남들보다 더 성장해서 최고의 자리에 도달하기는 그만큼 어려운 직업이에요. 우리가 아는 사진작가들이 결코 쉽게 그 자리에 오른 것이 아니라는 거죠. 하지만 시작을 하지 않으면 아무것도 아니기 때문에 일단 찍으라고 말하는 거예요. 직접 하지 않으면 느끼지 못하거든요. 요즘 좋은 점은 사진을 평가받기가 굉장히 쉽다는 거예요. SNS에 자신이 찍은 사진을 올리면 대중들로부터 잘 찍으면 잘 찍었다, 못 찍으면 못 찍었다는 냉정한 평가를 신속하게 받을 수 있죠.

사진작가에게
청소년들이 묻다

청소년들이 사진작가에게
직접 물어보는 13가지 질문

"셀카 잘 나오는 좋은 방법이 있을까요?"

첫 번째는 아래에서 위를 올려 보듯이 찍는 방법이에요. (엄청 유명한 팁이죠? 셀카는 각도가 생명!)

두 번째는 사진을 찍을 때 얼굴을 가장자리에 배치하지 않는 것입니다. 휴대폰 카메라는 광각이기 때문에 가장자리로 갈수록 얼굴이 늘어나 보여요. 특히 턱이나 이마가 가장자리에 배치되면 외계인 같아 보이기 때문에 되도록 피하는 것이 좋아요.

"해외에서 문화 차이 때문에 곤란했던 적이 있으신가요?"

나라마다 문화가 천차만별이기 때문에, 조심하려고 해도 크고 작은 오해가 간혹 있었어요. 인도에서는 소를 조상의 혼이 서린 동물로 여기는데요. 그들에게 소고기의 맛에 대해서 이야기했을 때, 그것을 듣고 매우 불쾌해 했던 그들에게 지금도 미안한 마음이 듭니다.

"해외 촬영은 보통 며칠 동안 이루어지나요?"

그때그때 다릅니다. 이탈리아를 2박 3일 만에 다녀오는 경우도 있고, 브라질 올림픽 때는 현지에서 2개월을 지내면서 촬영하기도 했고요. 필요한 사진의 내용과 일정을 조율해서 다녀옵니다.

"나만의 사진 촬영 팁이 있나요? 야경 사진을 잘 찍는 노하우도 알려 주세요."

수직, 수평을 칼 같이 맞추는 것입니다. 그리고 3분할 구도요! 이것들은 가장 기본적이면서도 지켰을 때 가장 효과가 좋은 방법입니다.

카메라는 초점과 노출의 조절이 가능하니까, 야경을 찍을 때는 어두운 하늘보다는 밝은 곳에 초점을 맞춰 주세요. 그러면 적정 노출이 맞춰지면서 자연스러운 밝기가 되어 눈에 보이는 야경과 비슷한 모습으로 사진이 찍힌답니다.

"캠핑카로 여행하면 좋은 점은 무엇인가요?"

　시베리아 기차 여행을 했을 때, 창밖에 아주 멋진 풍경이 있어서 사진을 찍고 싶었어요. 그런데 기차는 제 마음대로 멈출 수 없다 보니, 원하는 대로 사진을 찍을 수 없어 너무 아쉬웠어요. 하지만 자동차를 가지고 떠나는 여행은 제가 가고 싶은 곳에 갈 수도 있고, 멈추고 싶은 곳에서 멈출 수도 있어 좋죠.

"못 찍은 사진은 어떤 사진인가요?"

　사진은 소통의 도구입니다. 좋은 사진이라 하면 소통의 흔적이 느껴지는 사진, 즉 촬영장의 생각이나 감정이 잘 전해지는 사진이겠죠. 그렇다면 안 좋은 사진, 즉 못 찍은 사진이란 촬영자의 생각이나 의도, 전하고자 하는 이야기나 메시지가 느껴지지 않는 사진일 것입니다. 조금 더 심하게 이야기하자면, '무엇을 왜 찍었는지 알 수 없는 사진'이라고 생각해요.

"사진작가는 어떤 자세나 마음가짐을 가져야 할까요?"

사진은 기본적으로 카메라라는 기계를 통해 기록한 외부 세계입니다. 피사체가 있기 때문에 사진이 존재하는 것이죠. 내가 촬영할 수 있는 많은 것들은 내가 만든 것이 아닌, 그곳에 존재하는 것이기 때문에 내가 촬영할 수 있는 것이고요. 따라서 피사체를 존중하는 마음을 가지는 것이 중요합니다. 이 사실을 염두에 둔다면 사진을 촬영하기 위해 꽃밭을 밟고 들어가거나, 더 나은 구도를 위해 나무를 꺾고 사진을 찍기 위해 공공장소에서 길을 막는 등의 일이 없을 것 같습니다.

"어떤 동물이 가장 촬영하기 어려우셨나요?"

흔히 반려동물이라고 하면 강아지, 고양이를 많이 생각하는데, 저는 그 외에도 고슴도치, 토끼, 앵무새 등의 반려동물을 촬영했어요. 그중 토끼 촬영이 가장 오래 걸린 촬영이었는데, 제가 촬영했던 토끼는 겁이 많으면서도 호기심도 많아 한껏 움츠린 채로 계속해서 움직였어요. 허리를 세우고 고개를 들어야 예쁜 모습으로 촬영이 되는데, 오랜 시간 동안 기다린 끝에야 마지막에 마음을 열어주더라고요. 특수동물들은 따로 훈련이 되어 있지 않은 경우가 대부분이기 때문에 끈기와 인내 없이는 예쁜 사진, 반려인이 평소에 보던 모습이 담긴 사진을 얻기 힘들어요.

"건축 사진의 포인트는 무엇인가요?"

건축 사진을 처음 시작하게 되었을 때, 건축가 선생님이 제게 '문고리 하나를 찍어도 건축가의 마음이 전해지면 좋겠다.'라고 말씀해 주셨어요. 건물의 전체 모습을 멋지게 보여주는 것도 중요하지만, 건물이 처한 환경, 그것을 설계하고 지은 사람의 마음, 나아가 건물 안에서 살아갈 사람들의 마음을 생각해서 사진에 담아내는 것이 가장 어려우면서도 중요하다고 생각합니다.

"가장 부담스러운 촬영은 무엇이었나요?"

많은 스태프(코디네이터, 메이크업아티스트, 모델, 관계자 등)들이 함께하는 대규모 작업은 부담스러운 편입니다. 실수를 하거나 잘못되었을 때, 나뿐만 아니라 다른 사람들의 시간도 함께 허비할 수 있기 때문이죠. 아무래도 일에 대한 책임감을 더 느끼게 되고, 그런 책임감이 큰 부담으로 작용하기도 합니다.

"반려동물과 소통할 수 있는 방법은 무엇인가요?"

　반려동물들도 사람들이 자신을 어떻게 생각하는지 느껴요. 이 사람이 자신을 좋아하는지, 싫어하는 지, 무서워하는지를 알 수 있죠. 하지만 반려동물이 너무 좋다고 해서 적극적으로 다가가면, 성격이 소심하거나 겁이 많은 반려동물은 오히려 부담스러워 하거나 낯을 가릴 수 있기 때문에 처음엔 반려동물의 성격과 성향을 파악한 뒤 어떻게 다가갈 지 생각해 보는 게 좋아요. 반려동물들의 성격이 파악되면 좋아하는 간식과 장난감 등으로 관심을 끌며 반려동물의 성격에 맞춰서 놀아주면 되고요. 반려동물을 좋아하는 마음을 표현은 하되 조금 천천히 다가간다면, 반려동물들도 금방 마음의 문을 열 거예요.

"스트레스 해소 방법이 있나요?"

　저는 사람을 굉장히 좋아합니다. 너무 시끄럽지 않은 곳에서 제가 좋아하는 사람들과 도란도란 이야기하며 웃다보면 스트레스가 날아가요. 또, 스트레스 해소라기보다는 생각을 정리하고 건강도 유지하려는 목적으로 달리기도 하고 있는데요. 제가 살고 있는 동네 주변에 제 나름의 달리기 코스를 만들어 자주 뛰곤 합니다. 특히나 해외 촬영을 나가면 항상 아침에는 달리기로 하루를 시작하려고 해요. 그렇게 하면 제가 있는 곳의 분위기도 알 수 있고, 새로운 곳에서 저만의 코스를 만든다는 즐거움도 느낄 수 있거든요.

예비 사진작가
아카데미

여러 가지 카메라의 장단점

콤팩트 카메라(compact camera)

대중적으로 가장 잘 알려진 카메라.
렌즈가 붙박이식이며 카메라 회사
가 정한 화각의 렌즈가 장착돼 있
어 렌즈 교환은 불가능하다.

장점

⊕ 조작이 단순하다.
⊕ 부피가 작고 무게도 적게 나가는 편
   이므로 휴대가 편리하다.
⊕ 가격이 상대적으로 저렴하다.

단점

⊖ 버튼들이 많이 소실되어 촬영을 할 때
   다소 불편할 수 있다. (DSLR, 미러리스
   카메라는 버튼이 많다.)
⊖ 단자가 많이 없다.
⊖ 렌즈가 고정식이기 때문에 한계가 있
   다. (렌즈 화각에 제한이 있다.)
⊖ 센서가 작다.
⊖ 스마트폰 카메라 성능 향상으로 시장
   에서 점점 사라지는 추세이다.

 필요한 사람   일상을 기록하고자 하는 사람, 제품 리뷰 등 블로그 게시물을
작성하고자 하는 사람 등

DSLR 카메라(Digital Single Lens Reflex camera)

렌즈로 들어온 상을 반사시켜서 뷰 파인더로 보여주는 디지털 카메라. 기본적인 구조는 일반 필름 SLR 카메라와 동일하며, 기존 필름이 디지털로 바뀐 점만 다르다.
콤팩트 카메라와 달리 렌즈를 교환할 수 있다.

장점

⊕ 카메라에 호환되는 렌즈의 종류가 다양하다.

⊕ 광학식 뷰파인더를 사용하기 때문에 내가 보고 있는 그대로를 담을 수 있다.

⊕ 광학식 뷰파인더로 인해 이물감, 이질감이 없다.

⊕ 배터리의 용량이 크다.

⊕ AF센서가 있어 초점 맞추는 시간이 짧기 때문에 찰나의 순간을 찍을 수 있다.

단점

⊖ 콤팩트 카메라, 미러리스 카메라보다 무겁다.

⊖ 부피가 크고 무거워 휴대성이 떨어진다.

⊖ 가격이 비싼 편이다.

 필요한 사람　내가 보고 있는 풍경 그대로를 담고자 하는 사람 등

미러리스 카메라(mirrorless camera)

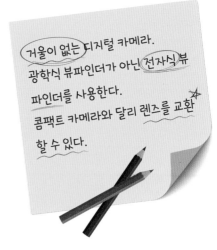

거울이 없는 디지털 카메라.
광학식 뷰파인더가 아닌 전자식 뷰
파인더를 사용한다.
콤팩트 카메라와 달리 렌즈를 교환
할 수 있다.

장점

⊕ 거울이 없으므로 거울과 관련한 부
   품도 그만큼 줄어 카메라가 가볍다.

⊕ 렌즈가 보고 있는 사물이나 풍경을
   화면 그대로 볼 수 있다.

⊕ 풀 프레임 센서를 사용하므로 결과
   물이 DSLR 카메라의 결과물과 크게
   다르지 않다.

⊕ 기술 발전의 속도가 빠른 편이다.

단점

⊖ 배터리 소모가 심하다.

⊖ AF 속도가 느려 찰나의 순간을 찍기
   어렵다.

⊖ 호환 가능한 렌즈의 종류가 DSLR 카
   메라보다 적다.

필요한 사람 작고 가벼운 카메라를 원하는 초심자

사진의 장점

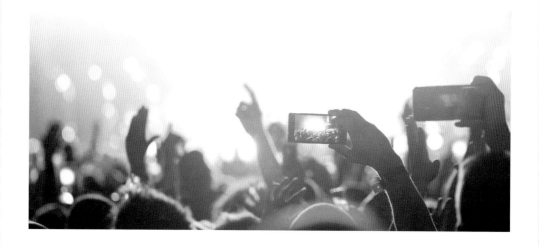

1 사실적이다.

사진은 다른 커뮤니케이션 수단보다 비교적 사실적이라고 할 수 있다. 회화, 영화, 연극 등은 작가, 연출자의 의도에 따라 그 결과물이 달라지는 경향이 강하다. 그러나 사진은 비교적 객관적으로 어떠한 주제나 사건을 보여 주며, 현장 증거의 역할을 하기도 한다. 사람의 기억은 시간이 지남에 따라 흐려지거나 왜곡될 수 있으며, 사람의 말을 100% 신뢰하기도 힘든 것이 사실이다. 하지만 카메라 렌즈는 세상을 사실 그대로, 목격자의 입장에서 보여 준다. 사람은 거짓을 말할 수도 있지만 렌즈는 거짓말을 하지 않는 것이다. 사진을 남기기 위해서는 그 장소에 가야 하는데, 이는 결국 사진은 세상에 없었던 일, 존재하지 않는 것을 만들어 낼 수 없음을 의미한다.

2 제약이 없다.

사진이 발명되기 전, 인류의 기록물은 글과 그림으로만 되어 있었다. 글과 그림은 누가 기록하느냐에 따라 사실이 왜곡될 수 있다. 하지만 사진은 글, 그림에 비해 기록자에 의한 왜곡이 적은 편이다. 글과 그림은 기록하는 데 시간이 오래 걸리고, 글을 쓰거나 그림을 그리는 데 필요한 능력과 기술을 갖춘 사람만 기록할 수 있지만, 사진은 카메라만 있으면 어느 누구나 신속하게 기록할 수 있다.

또한 그림과 글은 시간과 공간의 제약을 많이 받는 편이나, 사진은 비교적 시간과 공간의 제약으로부터 자유로운 편이다. 어두운 밤, 바닷속, 하늘에서도 스마트폰만 있으면 누구나 사진을 남길 수 있으며, 우리가 과거의 일을 정확히 기억할 수 없는 데 반해, 사진에는 그때의 기억이 고스란히 기록된다는 것도 사진이 받는 시간과 공간의 제약이 적다는 것을 말해 준다.

3 공유하기 쉽다.

오늘날 자신의 일기를 다른 이들과 공유하는 사람은 많지 않다. 그보다는 인스타그램과 같은 각종 SNS를 통해 자신의 일상 사진을 공유하는 경우가 많다. 사진은 공유가 용이하다는 장점을 가지고 있는데, 스마트폰만 있으면 언제 어디서나 몇 초 만에 자신의 일상 사진을 SNS에 업로드 하고 많은 이들과 공유할 수 있다. 사진의 공유하기 쉬운 특성은 사진을 보는 사람의 간접 경험으로 이어진다. 여행 사진은 사진 속 장소에 가보지 못한 사람도 색다른 경험을 할 수 있게 해 주며, 풍경 사진은 일상에서 무심코 지나치던 우리 주변의 아름다움을, 때로는 대자연의 아름다움을 선물한다.

4 영향력을 발휘할 수 있다.

사진의 사실적인 성질, 비교적 시공간의 제약으로부터 자유롭다는 점, 공유가 쉽다는 특성은 그만큼 사진의 영향력을 높여준다. 사진을 통해 사회 문제를 인식하고 문제 해결을 위한 행동을 하거나, 사진을 보고 좋은 아이디어를 얻는 일이 적지 않다. 사진 한 장으로 도서관이나 학교를 지은 사례도 있다. 인터넷이 발달한 오늘날은 더욱 사진을 접하기가 쉬워져, 그만큼 많은 사람들이 사진의 영향을 더욱 많이 받게 된다.

사진을 무료로 사용할 수 있는 사이트

픽사베이(Pixabay)
pixabay.com

픽사베이는 저작권이 없는 이미지와 동영상을 공유하는 활발한 창작사 커뮤니티이다. 모든 콘텐츠는 픽사베이 라이선스로 출시되며, 이 라이선스는 이미지나 동영상을 상업적 목적으로 사용할 때도 해당 이미지나 동영상을 제작한 예술가에게 별도의 허가를 받지 않고 안전하게 사용할 수 있도록 한다. 픽사베이에서는 고화질의 풍경 사진, 인물 사진, 제품 사진 등 다양한 사진들을 무료로 다운받을 수 있다. 170만 개가량의 사진, 일러스트, 벡터, 비디오 자료 모두가 무료이다.

언스플래쉬(Unsplash)
unsplash.com

언스플래쉬(Unsplash)는 수십만 장의 사진을 공개적으로 사용할 수 있는 플랫폼이다. 언스플래쉬는 멀티 플래티넘 레코딩 아티스트부터 세계적으로 유명한 작가에 이르기까지 수많은 이들의 수백만 가지의 창조물에 영감을 주는 것을 목표로 한다.

원하는 사진을 색선별로 찾을 수 있으며, 고화질 사진, 여행 사진, 동물 사진, 음식 사진, 운동 사진, 인물 사진 등의 다양한 사진을 무료로 다운받아 사용할 수 있다.

그래티소그래피
(Gratisography)
gratisography.com

    Gratisography는 Ryan McGuire가 예술을 통해 공동체를 형성한다는 목표를 가지고 창립했다. Gratisography의 이미지는 흥미롭고 개성적이며, 특히 얼굴을 통해 진정한 웃음을 만드는 것을 목표로 하고 있다. 창립자 Ryan McGuire의 포트폴리오는 www.mcguiremade.com에 들어가서 볼 수 있는데, 그의 포트폴리오를 통해 Gratisography가 추구하는 방향을 쉽게 알 수 있다. 재미난 사진을 보고 싶으면 Gratisography를 강력 추천한다.

푸디스피드(Foodiesfeed)
foodiesfeed.com

    Jakub Kapusniak은 2016년, 별다른 프로그래밍이나 온라인 마케팅 기술 없이 Foodiesfeed를 시작했다. 처음에는 Jakub Kapusniak 자신이 열정으로 찍어 모은 음식 사진을 널리 나눠주기 위한 간단한 프로젝트였다.

    Foodiesfeed는 서비스 개시와 동시에 매우 빨리 인기를 얻었다. 현재는 Forbes나 Designmodo, Lifehacker, Buzzfeed, Ultrainx처럼, 대형 온라인 잡지나 블로그에서 사용할 무료 사진을 제공하는 최고의 웹사이트 중 하나가 됐다.

    디자이너, 음식 및 영양 블로거, 소셜 미디어 관리자, 그밖에 아름다운 식품 사진을 촬영하는 사진작가들이 주로 Foodiesfeed에 사진을 업로드 한다. 한마디로 세계 최고 수준의 음식 사진에 대한 수요가 무료로 충족되는 곳이다.

카메라를 사기 전에 고려해야 할 것

1 꼭 사야 할까?

카메라를 구매하기 전, 자신의 스마트폰 사진첩을 확인해라. 자신의 사진첩을 보고 자신이 정말로 사진을 좋아해서 카메라를 사려는 것인지, 단순히 좋은 장비를 갖고 싶어서 카메라를 사려는 것인지 판단해 보자. 사실 스마트폰으로도 충분히 좋은 사진을 찍을 수 있다. 그러므로 카메라를 사기 전에 스마트폰으로 충분한 연습을 하자. 스마트폰 카메라를 수동 모드로 바꾸고, 설정 값을 바꿔 가며 사진을 연습한다. 연습을 하면서 내가 앞으로 하고 싶은 작업이 무엇인지 고민해 보자. 스마트폰으로 충분한 연습을 한 후, 부족하다 느낄 때 카메라를 사도 늦지 않다.

☑ 내가 들 수 있는 카메라일까?

카메라를 사기 전, 반드시 고려해야 할 것은 카메라의 무게와 부피이다. 카메라의 무게와 부피는 제품에 따라 천차만별인데, 이를 간과하고 가격이나 성능만을 고려하여 카메라를 구매한 후 후회하는 소비자가 적지 않다. 카메라를 드는 사람이 카메라의 무게와 부피를 감당하지 못하면 그것은 더 이상 좋은 카메라가 될 수 없다. 인터넷상의 평에만 의존하여 카메라를 구입하기보다는, 직접 만져보고, 들어보고, 찍어본 후 카메라를 사는 것이 좋다.

☑ 어떤 렌즈를 사야 할까?

스마트폰 카메라로 연습을 하며, 앞으로 어떤 사진 작업을 하고 싶은지를 명확히 하자. 그 후에는 자신이 원하는 작업 방향에 적합한 렌즈를 구매해야 한다. 예를 들어 자연 풍경에 관심이 있어 풍경 사진을 찍으려 한다면 비교적 넓은 화각을 가지고 있는 광각 렌즈가 도움이 될 것이고, 인물 사진에 관심이 많다면 밝은 조리개값의 단렌즈를 사는 것이 도움이 될 것이다. 카메라를 사기 전, 자신이 찍고자 하는 사진이 무엇인지를 명확히 한 후 렌즈를 살펴보도록 하자.

☑ 카메라 이외의 장비는 어떻게 할까?

카메라 이외의 장비도 꼼꼼히 고려하여 구매해야 한다. 사진 결과물은 카메라만으로 결정되는 것은 아니다. 렌즈, 조명, 삼각대, 필터 등 여러 가지 장비들이 각자의 역할을 다할 때 하나의 사진 결과물이 탄생하는 것이다.

스마트폰 카메라 100% 활용하기

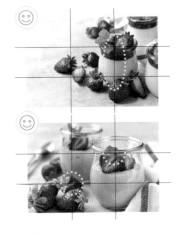

수평을 지켜라

기본은 수평을 맞추는 것이다. 이것만 지켜
줘도 절반은 온 셈이다. 수평을 맞추면 정돈된
느낌의 사진을 얻을 수 있다. 인물 사진의 경
우, 배꼽에 수평을 맞추면 효과적이다.

구도를 맞춰라

우선 스마트폰의 사진 설정 메뉴로 들어간
다. 사진 설정 메뉴에서 수평선, 수직선을 설
정하면 3분할 구도가 완성된다. 3개의 선이
만나는 지점에 맞추어 피사체를 촬영한다.

가까이 다가가라

피사체에 가까이 다가갈수록 집중된 사진을
찍을 수 있다. 피사체를 멀리서 찍으면 내가
강조하고자 하는 것이 어떤 것인지 명확히 드
러나지 않는다. 피사체에 가까이 다가가면 표
현하기도 쉬워진다.

저장은 RAW파일로 연습해라

스마트폰 카메라의 기본 파일 형식은 JPEG
이다. 하지만 JPEG 형식의 파일은 사진을 보
정하는 데 제한이 있다. 따라서 사진 보정에
제한이 없는 RAW 파일로 사진을 저장한 후
보정 작업을 하는 습관을 들이면 좋다.

사진 관련 대학 및 학과

대학명	학과명
경성대학교	사진학과
경운대학교	사진영상학과
경일대학교	사진영상학부
경주대학교	사진영상학전공
계명대학교	사진미디어학과
광주대학교	사진영상드론학과
대구예술대학교	사진영상미디어전공
배재대학교	사진영상디자인학과
상명대학교	사진영상미디어학과
순천대학교	사진예술학과
신구대학교	사진영상미디어학과
영남대학교	사진전공
인천재능대학교	사진영상미디어과
중앙대학교	사진학과
계원예술대학	사진예술과
백제예술대학	사진과
서울예술대학	사진학과

생생 인터뷰 후기

　학창 시절, 나는 꿈이 없었다. 그 시절의 나는 내가 무엇을 원하는지 고민조차 하지 못했다. 문과생이었던 내가 취업 잘 된다는 이유 하나로 신소재공학과에 들어갔지만, 자신 없는 공부를 하는 것이 싫어 결국 학교에 나가지 않았다. 20대 중반까지도 나는 방황했고 내가 무엇을 원하는지 여전히 알지 못했다. 하지만 그때의 방황은 지금의 나를 단단하게 만들었다. 인터뷰에 응해주신 사진작가님들 또한 모두 방황의 시기를 겪었다. 하지만 그들의 방황 역시 그들의 인생을 단단하게 만들었다. 방황하는 친구들에게 말해주고 싶다. 걱정하지 말라고, 잘 될 것이라고.

무엇보다 중요한 건 사진에 담긴 생각과 감성 그 자체

　평소, 사진작가를 떠올리면 자연스럽게 카메라가 함께 떠올랐다. 하지만 여섯 분의 사진작가들을 인터뷰하면서 '사진작가의 카메라는 뭔가 다르겠지? 장비가 좋으니 저렇게 멋진 사진이 나올 수 있을 거야.' 하던 내 생각은 틀렸음을 깨달았다. 축구선수가 좋은 축구화 덕분에 화려한 플레이를 선보일 수 있는 것이 아니듯, 사진작가 또한 좋은 장비만 있으면 좋은 사진을 만들 수 있는 것은 아니다. 사실 카메라는 사진작가의 생각과 감성을 표현하는 도구일 뿐, 그보다 더 중요한 것은 사진작가의 생각과 감성 그 자체일 것이다.

길은 무수히 많고 다양하다

　나는 이 책을 읽는 독자들에게, 길은 무수히 많고 다양하다는 것을 말하고 싶다. 사실 우리가 학교에서 접하는 직업 정보는 일반적인 직업 정보이며, 직업을 갖는 방법 또한 가장 보편적인 방법만을 제시한 경우가 많다. 하지만 저자가 인터뷰한 사진작가 여섯 분의 경력은 모두 달랐고 전공 또한 달랐다. 각자가 자신만의 방법을 거쳐 사진작가가 된 것이다.

우리가 목적지를 향해 갈 때 다양한 교통수단과 경로를 선택할 수 있는 것처럼, 나아갈 수 있는 진로와 그 방법 또한 다양하다. 이 책의 사진작가 여섯 분은 자신의 길을 적극적으로 선택했다는 공통점이 있다. 우리가 나아갈 수 있는 진로는 무수히 많지만, 그만큼 스스로 적극적으로 선택하지 않는다면 도중에 방향을 잃어버릴 수도 있다. 이 책을 읽는 독자들이 자신만의 길을 찾고, 적극적으로 그 길을 걸어 보기를 바란다.

◉ 사진작가 채신영 님

채신영 작가님은 제주도를 오가는 바쁜 스케줄 일정에도 불구하고 나의 인터뷰 요청을 흔쾌히 승낙해 주셨다. 채신영 작가님의 인터뷰는 이 책의 첫 인터뷰였기 때문에 특히 떨렸다. 하지만 인터뷰가 진행되면서 작가님의 스토리에 점차 몰입이 되었고, 긴장감도 옅어졌다. 채신영 작가님을 보면 'why'라는 단어가 떠오른다. 작가님은 학창 시절에 그랬듯이, 지금도 당연히 여기는 것에 'why'라는 물음을 던지며 끊임없이 새로운 것을, 이상적인 것을 추구한다고 말씀하신다. 지금의 일도 'why'라는 질문에서 시작되었다고 한다.

본인뿐만 아니라 예술을 하는 학생들을 위해서도 일하고 있는 채신영 작가님. 사진작가를 꿈꾸는 많은 학생들이 불쑥 메일을 보내 와도 일일이 답장을 해주시는 모습에서 작가님의 진정성이 느껴졌다.

◉ 사진작가 전명진 님

전명진 작가님은 〈한복을 입고 세계 여행을 하다〉라는 유튜브 영상을 통해 알게 됐다. 그 영상을 본 후 고민도 하지 않고 인터뷰 요청 메일을 드렸다. 정말 감사하게도 '학생들을 위해 좋은 일을 하시는 것 같다'는 작가님의 답장과 함께 인터뷰 승낙을 받을 수 있었다. 나는 전명진 작가님의 학창 시절 이야기에 깊은 감명을 받았다. 오로지 자신의 꿈을 이루기 위해 앞만 보고 달리던 청년이 꿈을 잃었을 때, 방황을 거듭하면서도 끝내 잃지 않았던 특유의 호기심과 실행력은 특히 본받고 싶었다. 전명진 작가님은 사회가 제시하는 길을 걷지 않는 대신, 자신만의 속도, 자신만의 보폭으로 자신의 꿈을 위한 길을 걸었다. 그와의 인터뷰는 방황 속에 있는 나에게도 큰 울림을 주었다.

🔸 사진작가 김병준 님

김병준 작가님의 인터뷰는 정말 우연한 기회에 하게 됐다. 사진작가 김형욱 님을 '로빙화'에서 뵌 적이 있는데, 마침 김병준 작가님은 김형욱 작가님과 함께 공간을 운영하며 사진 작업을 하고 계셨다. 김병준 작가님께 인터뷰 요청을 드렸고 김병준 작가님은 흔쾌히 인터뷰에 참여해 주셨다.

김병준 작가님은 무엇보다 '나' 자신을 잘 아시는 분이었다. '나' 자신이 좋아하는 것은 무엇인지, 내가 어떤 사람인지에 대한 고민을 많이 하신 모습이 보였다. 남들이 부러워할 만한 대기업에 입사하여 회사 생활을 한 적도 있는 작가님이지만, 그것이 자신의 길이 아님을 깨닫고 과감히 자신의 길을 찾아 떠난 것이다. 인터뷰를 통해 김병준 작가님은 진정으로 자신이 하고 싶은 일을 위해 행동하는 분이라는 걸 느낄 수 있었다.

🔸 사진작가 이유진 님

채신영 작가님의 도움으로 이유진 작가님의 인터뷰를 진행하게 됐다. 이유진 작가님의 스튜디오에 들어서자 고양이, 강아지 같은 반려동물들이 나를 반겨줬다. 작가님의 사랑을 받고 사는 반려동물들은 정말로 행복해 보였다. 학창 시절의 사진을 모두 소장하고 있다는 이유진 작가님은 '추억'을 그 무엇보다도 소중히 여기는 분이라는 생각이 들었다.

이유진 작가님은 목표를 이루기 위해 어려운 시절을 이겨 내는 과정 속에서 많은 걸 배웠다는 이야기를 하셨다. 포기하지 않는 힘을 '그릿GRIT'이라 하는데, 문득 어려운 상황 속에서 나만의 '그릿'을 발휘하기보다는 쉽게 포기하고 합리화하던 과거의 나의 모습이 떠올랐다. 나의 모습도 되돌아보게 되는 이유진 작가님과의 인터뷰였다.

🔸 사진작가 오재철 님

오재철 작가님의 인터뷰는 마치 과외 수업과도 같았다. 작가님의 인생철학을 듣고 나는 무언가로 머리를 맞은 것 같은 느낌마저 느꼈다. "목표를 세우기 전에, 목표를 낮춰라"라는 작가님의 말은 특히 크게 와닿았다.

우리는 목표를 세우고 목표를 향해 달려간다. 하지만 누군가는 목표를 달성하고, 또 누군가는 목표 달성에 실패한다. 대부분의 사람들이 그 이유를 간절함의 정도로 보곤 하는데, 오재철 작가님은 '목표의 기준'이 문제라고 말씀하셨다. 많은 이들이 목표를 이루기엔 목표가 너무 크다는 것을 뒤늦게 깨닫고 허무하게 포기해 버린다는 것이다. 작가님의 인생철학이 담긴 인터뷰를 통해, 애초에 달성 가능한 목표를 설정하고 작은 목표부터 이루어 나간다면 누구나 행복해질 수 있다는 사실을 깨달을 수 있었다.

◐ 사진작가 안준 님

안준 작가님을 처음 뵌 것은 작가님의 전시가 열렸던 수유의 한 갤러리였다. 그때 안준 작가님과 우연히 갤러리 앞에서 어색하게 마주쳤던 기억이 있다.

인터뷰 전, 유튜브를 통해 안준 작가님의 고공 사진 영상을 봤을 때는 작가님이 똑 부러지는 성격의 소유자일 것만 같았다. 하지만 인터뷰를 통해 직접 만나본 안준 작가님은 굉장히 부드럽고 마음도 따뜻하신 분이었다. 작가님은 내게 작품에 대하여 세세히 알려 주시는 한편, 작가님 자신 또한 학창 시절에 진로에 대한 고민을 많이 했기 때문에 이 책이 꼭 사진작가를 꿈꾸는 학생들에게 도움이 됐으면 좋겠다는 말씀도 남기셨다.